ECONOMIC
RISK TO
BUSINESS AND
INVESTMENT

世界と日本経済大予測2025-26

渡邉哲也
Watanabe Tetsuya

PHP

株価の乱高下で一喜一憂するな
——必要なのは、次なるリスクに備える余裕

はじめに　# 再び日本経済に追い風が吹くか

2024年春、日本の株式市場は活況を呈した。

バブル期の最高値を軽々と上回り、3月4日には史上初の4万円台に乗せた。メディアは「バブル超え」に浮かれた様子だったが、冷静な目で見れば手放しで喜んでいられる状況ではない。振り返れば、バブル絶頂期を超えるのに35年かかったということなのだ。

日本史上稀にみる衰退・停滞期がこれだけ長く続いたと考えると、2024年は本格的な日本経済の反攻の序章に過ぎない。

毎年刊行している『世界と日本経済大予測』も本書で6年目になる。2023年末に刊行した『世界と日本経済大予測2024-25』をお持ちの方は、冒頭の部分を見ていただきたい。

まずは、「ようやく、日本経済の長いデフレの夜明けを迎える時がきた」と記し、そして、「2024年の早い段階に株価は未曾有《みぞう》の4万円台に突入するかもしれない。それが期待できるほどの追い風が吹いている」と書いた。

私には「株価のバブル超え」「4万円超え」など、1年以上前から容易に予測ができていた。

今年のテーマは「ビジネスの新たな潮流」であり、バブル超えを果たした日本、そして世界の経済の行方である。

バブル期にできた天井を突き抜け、頸木《くびき》が外れた日本経済はどこまで登っていくのか。2024年大統領選挙の結果を受けたアメリカは内向きになるのか、それとも再び世界の1強を目指すのか、そしてバブル崩壊が懸念される中国経済の行方は――。本書では、ビジネス、投資をするうえで見逃せない46のリスクを扱っていく。

変革真っ只中の日本であなたがすべきこと

今後の日本と世界の経済の行方が、２０２５−２６年に決する可能性は大いにある。

相変わらず好調なアメリカ経済は、生成ＡＩを中心としたＡＩ産業が成長の原動力になっているが、右肩上がりの成長も無限に続くわけではない。

どこかで調整局面となるのは間違いなく、場合によっては「ＡＩバブルの崩壊」もそろそろ考えられなくもない。仮にそうなった場合、日本もその影響から逃れられないだろう。

一方、日本はかつての成長力を取り戻しつつあるとはいえ、同時に少子高齢化、人口減少社会の到来により、待ったなしの変革の時期を迎えている。

多くの市場がシュリンクする中で企業が成長を遂げるためには、成長産業に資源を投入し、海外の市場でシェアを伸ばしていくしかない。

成長が見込めない産業、すでに役割を終えた産業には早々に見切りをつけて、時代に合ったジャンルに特化していく大胆な変わり身、それを見極める大局観こそがこれからを生きるビジネスパーソンには絶対に必要だ。

投資家だって、楽観視できない。賢い投資家は、新聞やテレビの「報道」を疑い、ニュースの裏側に何があるかを知ろうとする。見方を変えれば、ネガティブなニュースも、お金が舞い込む貴重な情報になるかもしれないのだ。

そこで、本書では各項目の終わりに、ピンチをチャンスに変えるヒントを記している。本書を最後まで見逃さずチェックし、そうした日本と世界の潮流を敏感に感じ取っていただきたい。

手前味噌かもしれないが、「株価4万円超え」をここまではっきりと時期まで定めて予測した書はあまり見当たらない。だから改めて『世界と日本経済大予測2024-25』を読み、その後実際に世界がどう動いたかを確認していただいたうえで、本書を読んでいただければと思う。

前年、好評だった「世界の経済の仕組みが理解できる映画作品」を今回も、各章末で紹介する。ぜひ、実際に観賞してビジネスセンスも磨いてほしい。
本書が読者の投資とビジネスに役立つことを願ってやまない。
それではさっそく、「9割的中」必至の経済予測をはじめるとしよう。

世界と日本経済大予測2025-26　目次

第3章 チャイナバブル崩壊！中国に代わり日本がアジアを世界に押し上げる

第4章　ここを買うべし！　3年後に伸びる日本企業、沈む日本企業

第5章 言ってはいけない！ 日本経済の「不都合な真実」

＊本書の情報は２０２４年10月末日時点のものです。
＊第２章は、２０２４年11月６日アメリカ大統領選挙の結果を踏まえました。

第1章

最高値更新なるか!?

日経平均5万円超えのカギを握る「10のチャンス」

リスク1 株価の大暴騰

日経平均の「踊り場」はしばらく続く

本章では、株価のゆくえを左右する世界的な経済の潮流を予測する。現時点で何が起きているのか。これから1年、2年にいかなる「お金の流れ」が起きるのかをつかんでほしい。

さて、おそらく多くの読者の関心事は、「日経平均株価はどこまで上がるのか？　あるいは下がっていくのか？」であろう。

したがって、最初に結論を述べよう。

いずれ5万円を超える。

だが、それはいつになるかはわからない。

株価は人生のように紆余曲折を経て上昇していく。

大きな流れとしては4万円を超えて、さらに上値を狙っていく展開である。「2025年には5万円突破だ」と景気のいいことを言いたいところであるが、一本調子で上がっていくのはむしろ危険で、踊り場を何度も繰り返し、内部調整を行いながら、緩やかに踏み上がっていくというのが正しい株価の形成なのである。

実際、2024年3月4日に史上初の4万円台に乗せた後は、調整局面を経て全体としては上げ基調となっている。この傾向はポジティブにとらえたほうがよいだろう。

2024年7月に4000円を超える大暴落があったが、翌日すぐに3000円戻したように、市場も冷静ではあった。

同じく2024年9月に行なわれた自民党総裁選において、石破茂氏と高市早苗氏による決選投票の前後で株価は激しく乱高下した。

石破氏が首相に決まった結果、株価は大きく下落した。

これは市場の期待を裏切ったからにほかならない。石破氏の経済政策は皆無に等しく、空虚な左派的理想論が並んでいた。

また、高市氏にも言えることだが、石破氏の党内基盤は弱く、長期安定政権となる可能性は低い。当面政治的混乱が市場に悪影響を与え続けると考える。

しかし、リーマン・ショックのような歴史的な大暴落は、今後はそうそう起きないと思っていい。そもそも現在は、リーマン・ショックの時とは金融環境がまったく異なる点を頭に入れておく必要がある。

当時は、投資銀行をはじめとした国際金融資本が直接ポジションをとって取引を行なっていた。また、リスクが連鎖しやすい構造を抱えていた。

サブプライムローン会社の破綻がきっかけとなり、投資銀行の信用不安、モノライン保険会社の破綻（資本不足で保険が機能しない）、ＣＤＳ（クレジット・デフォルト・スワップ、発行体の信用リスクを対象とするデリバティブ）の無理な引き受けなど連鎖的に問題が生じた。

これらに関して、現在は規制が強化されており、一つのほころびが恐慌へと連鎖発展するリスクは格段に低くなっている。

株価は、経済の実体に合わせた上昇こそが望ましい。経済の身の丈を超える上昇はまさにバブルで、壊れるときに一気に崩れる。

現在、投資ファンドでも銘柄を定期的に入れ替えており、より適正な成長が進んでいく。2025年は当面は踊り場状況が続くと予測されるが、4万5000円程度まではスルスルと上昇するかもしれない。政治的混乱がなければ、その後、5万円をうかがう展開になるだろう。

新NISAの活況が株価上昇に大きく影響

2024年に4万円を突破した要因として、新NISAの存在も無視できない。

新NISAでは、投資上限額が年間360万円まで引き上げられ、その内訳は成長投資枠が240万円、つみたて投資枠が120万円となっており、両者の併用が可能になった。売却した分だけ、翌年に非課税枠が復活するなどの特徴がある。

従来のNISAは一般NISAが120万円で、つみたて（積立）NISAは40万円が上限だった。投資の上限額は2倍以上になったわけで、そのかなりの部分が東京市場に投じられたことは想像に難くない。

金融庁の公表資料によると、新ＮＩＳＡ開始後の２０２４年３月時点でのＮＩＳＡの口座数は約２３２３万件となっており、２０２３年末からプラス９％となっている。累計買付額は、プラス17％の41兆６０００億円。新ＮＩＳＡによって、市場は今後、さらに活況を呈するだろう。


じつは、ＮＩＳＡが過熱すればするほど、日経平均株価の長期的な上昇が見込める。

それはなぜか。ＮＩＳＡの仕組みをわかりやすくして考えてみよう。


つみたて（積立）ＮＩＳＡは、毎月株を買い増していき「平均値」を取っていく投資だ。

そのため、最終的に、平均購入価格の上昇率が平均インフレ率や預金利回りを上回った分だけ利益が出ることになる。

たとえば年率３％以上の上昇があれば、そのまま利益になる。短期的に儲けようと思っても、新ＮＩＳＡは爆発的に儲かる仕組みになっていないのだ。今すぐに大きく儲けたいなら、成長枠で個別銘柄を売買すればいい。

「個別株投資はリスクがあるからやらない」「新NISAで十分だ」という投資初心者の場合、株の長期保有が見込めるため、多少の上げ下げで売りに出すようなことは考えにくい。

要するに、短期間に売買を繰り返して利鞘《りざや》を取る、あるいは損切りをする投機筋とは異なり、資産形成のための投資行動をする人が増えれば増えるほど、その影響は日経平均の長期的な上昇に寄与すると考えられる。

そのような動きが緩やかな一般投資家が増えていくことを踏まえると、2025年は調整局面が続き、4万円前後から4万5000円あたりでの振幅と考えておけばいいと思う。

リスク→チャンス／株価の乱高下に一喜一憂しないこと

リスク2　ニューヨーク市場の動き

マイクロソフト、エヌビディアの株価は落ちていく

ニューヨーク市場も、日本の株式同様、振幅はあるものの全体として好調を維持している。

株価上昇を支えているのが、マグニフィセント・セブン（アップル、マイクロソフト、アルファベット、アマゾン、メタ、エヌビディア、テスラ）と呼ばれるＡＩ（人工知能）に関連するテクノロジー企業の銘柄だ。

「マグニフィセント・セブン」という言葉の本来の意味は、１９６０年に製作された西部劇アクション映画のタイトル（邦題『荒野の七人』）で、その内容は黒澤明監督の『七人の侍』（１９５４年）の翻案である。この大人気を博した映画にちなんで、現代を代表する７つの大企業をまとめた呼び名として定着した。

このマグニフィセント・セブンの時価総額は、２０２４年1月の時点で12兆ドル（約

1800兆円＝1ドル150円換算）。東証プライム市場の時価総額（同時期、約1001兆円）のおよそ1・8倍にもなる。わずか7社が東証プライム市場1651社（2024年4月1日現在）の時価総額を上回っているのである。

「株より国債へ」の流れが顕著に

ところが、そのマグニフィセント・セブンにも、2025－26年を前にして暗雲が立ち込めている。

投資効率の問題が疑問視され始めているからだ。

米10年物の国債利回りが2020年1月に0・44％と最低をつけた後、右肩上がりに上昇している。2023年10月には一時的に5％を突破、2024年8月時点では約4％となった。

わずか4年半で長期国債の利回りが9～10倍になれば、「株を買うより確実な国債を」と考える人が増えるのは当然である。これがアメリカ株式市場に大きな影響を与え始め、

「AIバブル崩壊」を予感させるほどのマイナス要因となりつつある。

たとえばマイクロソフトは2020年1月3日に158ドルで、2021年11月には343ドルまで上昇したが、徐々に上がる国債利回りに押されたのか2023年1月には224ドルまで下がった。

ところが、その後は再び上がり続け2024年7月の時点で467ドルまで上昇している。国債利回りが4%前後もあるのに、よりリスクの高い株式投資で株価がここまで上がるのは、リスクと期待される資金回収とのバランス、すなわち投資効率からしてどうなのか。

アルファベットも同様で、2023年1月に88ドルをつけた後はほぼ上がり続け、2024年7月には191ドルと2倍以上の株価となった。

エヌビディアは2023年1月に14ドルだったものが、2024年7月には129ドルと9倍以上をつけていた。ところがその後ずるずると下げた。

2024年8月の決算発表後に時価総額が68兆円消失、日本の半導体関連銘柄にも波及する大暴落に発展した。

これはまだバブル崩壊の前兆にすぎないだろう。

リスク→チャンス／「マグニフィセント・セブン」銘柄一辺倒の投資をしない

リスク3　生成AIバブル崩壊

大規模なリストラが本格化する

生成ＡＩに関わる企業はいずれも、将来を見越して膨大な金額を投資している。だが、その投資額に見合うだけの見返りはあるのかについては疑問が残る。

たとえば、テスラのイーロン・マスク氏はオープンＡＩの共同設立者として知られるが、テキサス州ギガのデータセンター（Giga Texas）を現在拡張中である。

完成の暁《あかつき》には、Giga Texasにはエヌビディアのチップ5万個と、２万台のＴｅｓｌａ ＨＷ４ ＡＩコンピューターの収容を予定している。２０２５年の後半の実現が目標だ。

テスラは、エヌビディアからのハードウェア購入に30億ドル（約４５００億円）以上、ほかにもＡＩ推論コンピューター、自動車に搭載するセンサーなど積極的に投資する。

だが、冷徹な計算をしてみると、現在の投資額からすれば約６０００億ドルの年間収益が出ないと投資利回りが合わないとされる。この莫大な投資に見合う利益を出すのはかなり難しく、実際に2023年から2024年にかけて1000億ドル程度の年間収益しか出ていない。

「将来に対する投資」であるとするが、イメージばかりが先行して実際の収益が伴ってこないのだ。これでは、いずれは「撤退」の選択肢をとらざるをえないであろうし、それ以前に生成AIバブルが崩壊するリスクは念頭に置かないといけない。

テスラに限らず、生成AIに関わる企業はいずれも似たようなもので、経営者の胸中は戦々恐々であろう。


もちろん、現在の不安定な経営状態は、長期的な視点では調整局面と考えられる面もある。だが、「生成AIバブルの崩壊」は決して先の話ではなく、2025年に起こりうる可能性は十分あると予測する。

2024年8月1日、インテルは全従業員の15%に相当する1万5000人の人員削減を実施すると発表した。

じつは同年3月には米連邦政府がインテルに85億ドル（約1兆2750億円）の補助金を支給するという、半導体産業の再建支援策を発表しており、インテルも再建のために余剰人員をカットすることを余儀なくされた。

これまでアメリカの株価上昇を主導し、そしてそれが世界の株価上昇を主導する形になっていたが、ここに来てＡＩ関連の産業にも赤信号が灯り、大規模な株価調整の大きな要因となっている。

ＡＩの発展に欠かせない「莫大な電力供給」

生成ＡＩが社会にもたらす恩恵を具体的にイメージするのは簡単ではない。人間に代わって文章や画像や映像などの作成ができるというのが、大方のイメージであろう。

２０２４年夏のパリ五輪では誤審騒動が頻発し、ＡＩ審判を導入すべきという声が起きたのは記憶に新しいが、実際に２０２３年アントワープ（ベルギー）で行なわれた第52回世界体操では、全10種目で判定のサポートとしてＡＩが導入されたという事実がある(Judging Support System)。

このように、知らず知らずのうちに我々の生活において重要な部分をＡＩが占めるようになっている。「これは楽でいい」と呑気に構えていると、ある日、ＡＩが動かなくなる時が来るかもしれない。

あまり知られていないが、ＡＩを使用するには膨大な電力が必要で、導入を進めるには電力の供給拡大を考えないといけない。

この問題は国際エネルギー機関（ＩＥＡ）が詳しく、世界のデータセンターの総エネルギー消費量について２０２２年は約４６０テラワット時（ＴＷｈ）だったものが、２０２６年には１０００ＴＷｈに達する可能性を示唆している（1テラワット＝10億キロワット）。

社会の需要に応じてＡＩを拡大させていこうと思えば、それに伴って膨大な電力が必要となり、電力の供給まで含めたトータルソリューションで考える必要がある。

リスク→チャンス／電力消費量を抑制するビジネスがねらい目

リスク4 半導体不足 「産業のコメ」は健在。市場は獲得競争が激化

日本経済はもちろん、世界経済にとっても、「産業のコメ」と呼ばれる半導体は、その成長の牽引役として期待される業界だ。

半導体をどう調達するか、そのための企業の育成をどうするかは、いずれの国においても最重要ポイントといえよう。

2024年にバイデン政権は、台湾の半導体大手TSMCに対して、アメリカ国内（アリゾナ州）で半導体の生産工場を建設するための補助金を出した。

最先端の半導体を生産していない状況は、経済や安全保障上好ましくないという判断であろう。また米議会はTSMCに対し、軍で使用するすべての半導体の製造を一任する約束をした。

この背景にあるのは、アメリカ国内で半導体を安定的に調達したいという並々ならぬ思いだ。軍で採用する半導体をアメリカ製にすることが、安全保障上不可欠であると判

断したからにほかならない。新大統領になってもその方針は変わらないだろう。それだけに今後も獲得競争は激化する。半導体の世界的な供給不足が生じる可能性は十分にある。

リスク→チャンス／半導体に対するアメリカ議会の動きに注目

リスク5　電力不足

原発再稼働なくして、「日の丸半導体」は立ち行かない

日本における半導体産業の可能性はどうか。

ＴＳＭＣの工場ができた熊本・菊陽町《きくようまち》はバブル状態のような好景気に沸いている。一方、次世代半導体の量産を目指すラピダスは工場を北海道千歳市に建設中だ。

政府は熊本県に第2工場をつくる計画を発表したＴＳＭＣに、１兆２０００億円の支援を行なっているが、ラピダスに対しても９２００億円を予定している。

国として経済や安全保障上、半導体産業の成功は悲願であり、今後も、半導体分野に大きく資金投入していくと考えていいだろう。

だが、ラピダスの場合は資金面ではなくエネルギー面で課題が残る。北海道電力の現在の実力から考えれば、コストにおいても電力供給においても、原発を再稼働しないとラピダスの工場は操業できない。

前述したように、半導体と電力は表裏一体。なぜ九州エリアにたくさん半導体工場があるかというと、5基の原発を再稼働して、電力供給量に余地があるからだ。現状、北海道は原発を再稼働しないと競争力がないから負ける。何としても再稼働しないと地域も国も困ってしまう。

エネルギー基本計画では、2030年の日本の電源構成比で再生可能エネルギーを36〜38%としている。それに対し原子力発電の割合は20〜22%である。

再生可能エネルギーで4割近く電力を賄《まかな》うために、ベースロード電源である原子力発電の稼働がなければ立ち行かなくなるのは火を見るより明らか。ところが2024年の段階で、東京電力と北海道電力は原発を再稼働していない。

はたして2030年までに電源構成比で原発を20〜22%にできるか、懐疑的になっている人も少なくないだろう。

その視点からも考えないと、いくら資金投入をしたところで、ラピダスには未来が見えない。

国の重鎮が次々と「脱原発」から離脱

原発再稼働について当時の岸田文雄首相の指示は出ているが、実際に再稼働できるかどうかは規制委員会の新しい規制基準をクリアしなければならない。

しかし民主党政権下で成立した規制委員会が行く手を阻み、論議がなかなか前に進まない。規制基準をさらに厳しくしたうえに、新たにテロ対策（意図的な航空機衝突への対応）、シビアアクシデント対策（放射性物質の拡散抑制対策、格納容器破損防止対策、炉心損傷防止対策）が新設され、これらをすべてクリアするのは容易ではないのだ。

とはいえ、電気が足りないままでは、産業振興どころか国民生活も立ち行かなくなるため、2030年に向けて原発再稼働はせざるをえない。

それがわかっているから、2024年9月の自民党総裁選を契機に、河野太郎氏が脱原発からの離脱を宣言したのだが、これはいささか勇み足であったと言えよう。総裁選の結果は大方の予測通りとなったが、原発に対する国民の意識の変化を読み違えることのリスクを河野氏本人も痛感したはず。

今後の国のエネルギー戦略を実のあるものにするためには、まずは国民に、「すべての原発が危ないのではなく、古い原発で事故が起きた」という事実を理解してもらわなければならない。

福島第一原発は1971年から79年にかけて操業開始した、かなり旧式の設備であった。震災の教訓を受けて、再稼働に値しない炉は、すでに廃炉への道を歩んでいる。

このような設備を、新しい規制基準をクリアした安全な炉と同列に語ること自体に無理があるのだということを、これからのリーダーは国民に伝えていかねばならない。

原子力発電の再開、そして原発技術の継承が、政府の共通認識になりつつある。その延長上に見えるのは、電力供給問題をクリアして稼働するラピダスの姿だ。

ピンチ→チャンス／原発再稼働でエネルギー問題が解決する

Column

なんともちぐはぐな「ドイツの原発停止」の実態

ドイツは2023年4月15日に、稼働していた最後の原子炉3基を停止し、60年以上の歴史を誇る原子力発電から脱却した。これはもちろん、福島第一原発事故による教訓から実施された。

日本の原発反対派からは「ドイツが原発全廃を達成した、日本もできるはず」という声も出たようだ。しかし、ドイツの場合、フランスの原発の電力を買っていることを忘れてはならない。

ユーログリッドによって、フランスや周辺国の原発で発電されたエネルギーが輸入できる。フランスの電源構成は原子力が85%（2022年）を占める。

結局、ドイツ国内から原発はなくなったものの、原発で作った電力を使っていることに変わりはない。さらにロシアから天然ガスが入ってこなくなって電力が不足し、大量に二酸化炭素を排出する石炭を燃料とする火力発電を行なっている。

そもそも、ドイツの原発を潰したのが〝プーチンの友人〟と言われたゲアハルト・シュレーダー元首相だ。1998年から2005年まで首相を務めて脱原発を進め、その後、ロシア国営の石油大手ロスネフチの会長などを歴任した。

シュレーダーは、ロシアから石油や天然ガスを入れるために脱原発を進めたと言われ、「裏切り者」という声もドイツ国内にはある。裏切り者かどうかはさておき、長期に渡って利益を得ている利権政治家であることは間違いない。

ロシアのウクライナ侵攻後も、シュレーダーはロスネフチの取締役にとどまった結果、ドイツの連邦議会から、議会内の事務所を使う権利を停止されている。

家庭ではグリーン、工場では自家発電

ドイツはエネルギー輸出国だと自称しているものの、実態はそうではない。

季節によって波が激しく、先述のとおり、足りないときに他国から輸入する。電気は、多すぎても少なすぎてもダメ。とくに少なすぎるとブラックアウトが発生してしまう。そうならないようにフランスなどの原発で補っている構造だ。

家庭用電力はたしかにグリーンエネルギーを中心としたものだが、それだとコストが高いので、工場などでは自家発電を行なう。いわゆるパイプラインで引っ張ってきたエネルギーをそこで炊いて、低エネルギーコストの電力に頼っている。

この二重構造の中で、ロシアからのエネルギー輸入が途絶えたことによってエネルギーコストが急激に上昇し、工場の稼働ができない状況になってしまっている。

このように家庭用と工業用が別で、工業用は自家発電していた「ドイツのエネルギー政策の実態」を平和的かつ現代的なものと称揚するべきではない。

日本は安易に「電力に関してドイツは素晴らしい」と考えると国を滅ぼしかねないことになる。注意が必要だ。

リスク6 進むIOWN構想

2030年6Gスタートで、勝ち組、負け組がはっきり分かれる

半導体の問題を解決した先にあるのは、「Society5・0」の実現である。

内閣府が策定した第5期科学技術基本計画によれば、Society5・0は、「サイバー空間とフィジカル空間を高度に融合させたシステムにより、経済発展と社会的課題の解決を両立する、人間中心の社会を目指すもの」と説明されている。

日本がめざす未来社会の姿として、ビジネスパーソン、投資家が押さえておくべき必須キーワードだ。

ちなみに「Society1・0」が狩猟社会で、「2・0」は農耕社会、「3・0」は工業社会、「4・0」は情報社会で、「Society5・0」はそれに続く、より発展した社会である。

2021年3月に閣議決定された第6期科学技術基本計画では「持続可能性と強靭性

を備え、国民の安全と安心を確保するとともに、一人ひとりが多様な幸せ（well-being）を実現できる社会」と表現されている。

「Ｓｏｃｉｅｔｙ４・０」はフィジカル空間からサイバー空間へのアクセスが可能となるものの、知識・情報の共有や連携が不十分であったり、必要な情報を調べて分析するリテラシーが高度に要求されたり、という問題点を抱えていた。

「Ｓｏｃｉｅｔｙ５・０」では、それをＩｏＴで人とモノを繋げて新しい価値を生み出す、ＡＩを使って必要な情報が瞬時に提供できる。

乱暴な言い方をすれば、人間のために、情報を自由自在に活用できる便利な世の中がまもなく実現するのだ。

世界同時にオーケストラのセッションが実現

Ｓｏｃｉｅｔｙ５・０を実現する手段の1つとしてＩＯＷＮ（Innovative Optical and Wireless

Network＝アイオン）計画がある。

これはNTTが進めているもので「光の技術を軸とした次世代情報通信基盤をもとに、よりスマートに一人ひとりが自分らしく生きられるWell-beingな世界の実現をめざす構想であり、取り組み」（NTT「IOWNとは」）のこと。光半導体、生成AIなどを全てネットワーク化し、2030年をめどにスマートな社会を実現するというものだ。

高速通信の5Gによって通信技術が大幅に向上し、大量の情報のやり取りができるようになった。これに対して、IOWNでは光プロセッサ、光半導体を利用することで革命的に通信量を増大できる。

使用する電力量が100分の1以下なのに、通信速度はじつに100倍以上。超高速ネットワークを利用して全ての物流からリソースを組み合わせながらAIによって最適化していく。

こうした社会全体の最適化こそが、IOWN構想の核心部分だ。

とくに物流業界において、通信の超高速化は、ネットワークを効率的に動かすうえで欠かせない。大きなメリットがあるだろう。

ほかにも自動車の自動運転、オーケストラ演奏のリアルタイム遠隔セッションの実現なども可能になる。

NTTが世界の通信規格

IOWNのベースにあるのは、NTTによる光半導体の実証技術だ。

最近10年、国際的な通信規格を決める国際電気通信連合（ITU＝International Telecommunication Union）のトップの事務総局長が2015年から中国人の趙厚麟氏で、規格委員会のトップも中国人だった。中国の企業ファーウェイが、国際通信規格の中で力を持つことができたのはそこに起因する。

それに対して2022年の9月の選挙で、アメリカと日本がトップの地位を取り戻し、2023年1月からアメリカ人のドリーン・ボクダン＝マーティン氏がトップに就いた。

このままいけば、2030年には5Gの次世代である6Gが誕生する。6Gは5Gよりさらに速度も効率も格段に向上する。この6Gを利用するための戦略策定を今、推進しているわけだ。

光半導体による高速かつ低消費電力型のシステム、これをさまざまなＡＩに組み込むことによって、一体化した効率運用を可能とする。これを進めるのが、まさにＮＴＴの規格のＩＯＷＮなのである。

ＩＯＷＮに参加している企業は、西側世界のＩＴ関連業界の雄であるソニー、インテル、マイクロソフトなどが占める。ＮＴＴとソニーが新たな業界フォーラムであるＩＯＷＮグローバルフォーラムを作り、アメリカのインテルを巻き込んだ形で始めている。日本の規格ではあるが、日本だけではなくて、世界中を巻き込む形で動いていることは注目に値する。このような新しい技術、国際通信規格の趨勢を見て、ＴＳＭＣもラピダスも日本に工場をつくったのは間違いない。

日本経済の未来を左右する大プロジェクト

５Ｇ時代に中国が優位に立ったのは、システム、基地局、端末、ネットワークすべてがファーウェイで作れたからだった。

それに対して、西側世界のシステムは、エリクソンの下に富士通が、ノキアの下にサムスンとNECがというように、基地局でそれぞれぶら下がっている構造だった。システムはKDDIやドコモなどのネットワークメーカーが組み上げ、その下にアップルなどの端末メーカーがぶら下がっていた。


これまで、エリクソンとノキアの2系列が存在し、それぞれに決められた企業しかぶら下がれなかったシステムを、2020年にオープン化し、他の系列の企業もぶら下がれるようにして規格化した。

ファーウェイは自社で完結できるのに対し、西側はバラバラだったので効率が悪かった。そこをオープン化して対抗しようと考えたのだ。

次に来るステージの6Gからは、通信事業者側がアライアンスを組んで規格を作る、すなわち上を飲み込む形を進めようとしている。

2025年は、まさにその過渡期にあるのだ。

2030年に始まる予定の6Gに向けて、社会インフラ等の効率化、生成AIとの連携、半導体の国産化といったことが急ピッチで進められている。

このようなことは、ビジネスパーソンが漫然と新聞を見ていても、気がつかない動きである。数々のニュースの背景には、日本経済の未来を左右する国家プロジェクトが進行しているのだ。

リスク→チャンス／日本の6G戦略に乗り遅れるな

Column

民営化による変革を遂げたＮＴＴ

遡《さかのぼ》って考えれば、ＩＯＷＮ計画のような取り組みができるのが、ＮＴＴを民営化した最大のメリットである。

１９８５年に民営化していなかったら、ＮＴＴは今でもただの電話会社にすぎなかっただろう。電話回線に電話の端末をつけてセットで売るだけの企業で、その回線をビジネスに応用しようとすれば、それが可能になる法案を作成して国会で通してもらうしかない。

そのような手間をかけていたら、この競争社会で生き残れるはずがない。

前身の日本電信電話公社の民営化で誕生したＮＴＴは、中曽根康弘内閣の遺産とも言うべきものであり、民営化に踏み切った中曽根元首相の慧眼をあらためて思わされる。

民営化から20年を迎え、２０２４年に株式上場を果たした東京メトロの躍進にも期待したいところだ。

リスク7 サイバーテロ　意識を変えないと、日本企業は狙い撃ちにされる

2030年に向けてSociety5・0、IOWN構想が進む中、その不安要素としてサイバーテロがある。

2024年6月、出版大手のKADOKAWAがサイバー攻撃を受けて、大規模なシステム障害が発生した。ランサムウェア（身代金ウイルス）を使用した攻撃であったと報じられており、子会社のドワンゴが運営するニコニコ動画が一時的にサービス停止に追い込まれた。

このようなトラブルが発生するのは、日本のセキュリティシステムが脆弱であることが大きな要因である。

そのため、被害に遭う→慌てて対策をする→その対策を上回る攻撃を編み出す→新たな被害を受ける、というイタチごっこになっている。

基本的にソフトウェアは動かしながらアップデートしていくべきもの。まず、この原則をおさえておきたい。

ものづくり大国としてのDNAがそうさせるのか、日本人は「完成品」を作ろうとする。未完成品を売ってお金をもらうことに抵抗を感じる人が極端に多いのだ。

しかし、「完成品」へのこだわりを貫き、いざ出来上がったときには、もう2世代も3世代も時代遅れの品物になっている。

つねにゼロリスクを求める姿勢こそが、最大のリスク化しているという認識を日本人は持つ必要がある。

「ウイルス対策」が裏目に出ることも

サイバーテロ防止のためには、ネットワークからリスク因子を完全に排除するしかない。そのための最も効果的な手段が通信遮断、クリーンネットワークの実現だ。

トランプ大統領が中国など敵対する陣営との関係を断ち、クリーンなネットワークを構築しようとしたのを覚えているだろうか。これなどは攻撃に対して極めて有効な手法と言える。

悪意ある攻撃のみならず、セキュリティソフトが世界的なシステム障害を引き起こすケースもある。

2024年7月19日の大規模システム障害は、クラウドストライク社のセキュリティ対策ソフト「ファルコン」が誤作動を起こしたことが原因と特定された。ウィンドウズ10がクラッシュするという前代未聞の事態に発展した。

コンピューターを守るために作ったソフトがシステムを破壊、それに至らないまでも機能不全に至らしめることがある。危険はつねに潜んでいると思ったほうがいい。

こちらを根本的に解決しようとすれば、前述のように「動かしながらアップデート」で対応するしかない。日本人のソフトに対する意識そのものを変える必要がある。

リスク→チャンス／セキュリティ対策が企業力につながる

リスク8　商業用不動産バブル

世界的な大都市がゴーストタウンになる

バブルがはじけるリスクが潜んでいるのは、生成AI業界だけではない。

商業用不動産投資をめぐる世界的なバブルの崩壊もまもなく始まるだろう。

すでにニューヨークなどでは最高値の半額程度まで、商業用不動産の値段が下がりつつある。2022年半ば頃がピークで、2024年3月の時点で20％程度下がっている。

大きな理由としては、政策金利の引き上げに加え、コロナ禍による賃貸マーケットの不振の継続が挙げられる。

コロナ禍をきっかけにリモートワークが拡大し、マーケットでは供給過剰が継続している。とくに古い物件を中心に価格の下落が激しい。

これはアメリカだけの現象ではない。

ドイツのフランクフルト、ミュンヘンなども不動産バブルだったと言われるが、やはり同じことが起きている。多かれ少なかれ、このことは今や先進国全体にかかわる問題だ。

ドイツファンドブリーフ銀行協会（ＶＤＰ）が２０２４年2月に発表したデータによれば、２０２３年10月から12月のオフィス不動産価格は２０２２年同期比で13％下落。通年の下落率は10％超となっている。

コロナ禍での量的緩和資金が不動産に一気に流入したが、個人の住宅用の不動産市場ではなく、ＲＥＩＴ（不動産投資信託証券）などでファンドに組み込みやすい商業用不動産に流れていたことが大きな一因となってもいる。

ＲＥＩＴとはReal Estate Investment Trustの略で、投資家から集めた資金でオフィスビルなどを購入して、その賃貸収入や売買益を投資家に分配する金融商品のことだ。

マーケットが供給過剰になれば家賃利回りが低下し、不採算物件が生じる。とくにアメリカの継続する利上げの中で、多くの物件が不採算状態に陥っている。

２０２５年以降はこの悪循環がさらに顕著になるだろう。

広がる日米の金利差がさらなるリスクを生む

２０２３年3月にシリコンバレー銀行（ＳＶＢ）が破綻したのを覚えているだろうか。このシリコンバレー銀行は、２０２０年のアメリカ大統領選前に、ＢＬＭ（Black Lives Matter）運動の初期資金１１３億円の大半を1社で負担し、リベラル派の資金源になっていた。

その見返りのように、グリーン住宅ローン（環境に配慮した住宅向けのローン）を積極的に推進していたが、商業用不動産バブルの崩壊はここにも大きな影響を及ぼしてしまったということである。アメリカの不動産をめぐる混迷の深さを象徴する事件だと言えるだろう。

もっとも、これほどまでの深刻な状況は、金融政策のミスと言える部分も無いとは言えない。ＦＲＢ（連邦準備制度）の急速な利上げも引き金になった。

破綻後も、本来であれば２０２４年6月に利下げが予測されていたが延期された。８月半ばになって、ようやく9月利下げに前向きな姿勢を示したが遅きに失したという批判の声は強い。

利下げの遅れにより、不動産バブル崩壊をより一層激しいハードランディングに導くのではないかと懸念されている。

ＦＲＢは２０２４年９月の利下げ前は５・25％から５・50％の範囲で維持していた。一方、日本は２０２４年７月末に政策金利を０・１％から０・25％に引き上げた。日米の金利差はまだまだ大きいが、金利差の縮小は為替レートに影響を及ぼす。

２０２４年６月26日に、１ドル１６０円80銭台をつけて、１９８６年12月以来、約38年ぶりの円安となったが、その後は円高に振れて、８月14日には１ドル１４６円まで値上がりした。

これまでの日本のゼロ金利政策では、円で預金をしたところで利息はつかないから、外国人が円を買うメリットはない（投機的な円買いはあるが）。反対に、円をドルに換えて預金をすれば、それなりに金利がつくわけである。だから円が売られドルが買われる。

これに為替予約を組み合わせれば、利益を確定できるわけで、これが金利差取引、いわゆるキャリートレードだ。先物で価格を確定しておけば利益が決定する。

日米の金利差縮小過程に入った今起きているのは、これまでの巻き戻しである。急激な円高の背景にはこうした動きがあるのだ。

石破茂氏は首相に就任後の2024年10月2日、日銀の植田和男総裁と面会し、「個人的には現在、追加の利上げをするような環境にあるとは考えていない」との認識を示した。

しかしこの先、日銀は利上げを継続していく可能性も残しており、一方でFRBは経済指標が一気に悪化する中で、利下げを継続すると見られている。

金利差の縮小が続くと、1ドル120円から125円の水準まで戻るのではないか。うまくいけば、日本経済は、アメリカの不動産バブル崩壊の影響を最小限に食い止められるかもしれない。

リスク→チャンス／FRBの利下げのタイミングを見逃すな

リスク9 インバウンドの盲点

年間4000万人超の外国人旅行者が押し寄せる

日本の株価を押し上げるうえでポイントになるのが、インバウンド（外国人旅行客）である。

2023年の訪日外客数は2506万6100人で、コロナ禍前の2019年の3188万2100人の8割近くまで数値を戻した。

2024年1月から9月までは約2688万人で、対前年同期比で154・7%となっている（日本政府観光局〈JNTO〉）。このペースで進めば、2024年はコロナ禍前を超えるのは確実。2025−26年は、年間4000万人超えも視野に入ってくる。

この数字だけを見ると、観光産業が日本経済の成長の原動力となりつつある現状を見る思いであるが、現実はそう単純なものではない。

4000万人を大きく超える観光客を迎え入れるだけのインフラが整っていないのだ。すでにホテルは満杯状態で、民泊などでその不足を補うにも限界がある。

京都などではすでに、外国人観光客の増加による公共交通の混雑なども顕著になっており、地域住民が市営バスに乗れないなどの悩ましい状態も報道されている。

インバウンドによって日本人の生活が脅かされるようなことがあってはならない。国民生活は観光客のためにあるわけではないのだから。

イギリスモデルを採用して、入国のハードルを上げよ

そもそも、インバウンドに関しては人数ベースで目標を設定すること自体がナンセンスなのだ。人数ベースではなくて、金額ベースで考えないといけない。

わかりやすく言えば、観光客からどうしたらより多くお金をもらえるかを考えるべき時が来ている。オーバーツーリズムが各地で問題になっており、その対策のためにも、観光客に一定の負担をしてもらうのは当然のことだ。

イギリスでは観光客から観光のための税を徴収する。飛行機のエコノミー席利用者で3万円が入国税として賦課される。

誤解を恐れずに言えば、入国のハードルを上げることによって客の質を上げていくシステムが必要で、それを観光業等の資源の保全に充てていく。

外国人に人気の観光資源は、これまで日本人の税金で守ってきた。それにただ乗りさせるのはおかしいではないか。イギリス並みにエコノミー席3万円、ビジネスクラスで8万円ぐらい取ればいい。

4000万人来るとすれば、全員エコノミー席でも1兆2000億円になる。

インバウンドは量より質、来てもらうからには来る人にも一定の負担を求めるシステムが求められる。

リスク↓チャンス／入国税導入で質の高いインバウンドに

リスク10 人手不足 安易な賃上げは命取りになりかねない

少子高齢化が進む日本には、人手不足の問題がつねにつきまとう。本格的な日本経済反攻の局面においても、人手不足の不安は残り、同時に、設備不足も解消しなければならない。

人手不足の解消のためには、何よりも賃上げが手っ取り早い。働きに出ていない主婦や年金をもらい始めたばかりのシニアなどは、時給が魅力的なら働いてみようという気を起こす可能性がある。

しかしだからといって、安易に賃金を上げればいいかというとそうではない。

賃上げによって国民の可処分所得が増えれば、消費が増えて経済が活性化して株価が上昇する、そういった意見も耳にするが、じつは間違っている。

売上上昇に見合わない賃上げをすれば、企業の収益は確実に落ちる。すなわち会社の価値が下がるから、基本的に株価は下落する。

人手不足を解消するために賃上げをしてすべてが解決するかのような言説は、あまりに的外れだと言うしかない。

正しい順番は、人手不足が継続するから、賃金が上がっていく。人も設備も足りていない状態の会社では、まず省力化に向けての動きが強まっていく。人間のほうが安ければ人間を使うが、人件費が高くなれば必然的に自動化を進めようとする。そこで初めて高効率化が進んでいく。

人手不足を容認し、それによって生じる問題を解消するために最適な設備投資をする必要がある。その流れを間違ってはいけない。

経営者はファミレスを見習え

人手不足というピンチをチャンスに変えている企業もある。

飲食業界だ。

たとえば、ファミリーレストランは徹底的な人員削減を進めている。店に入るとタブレットに人数を打ち込み、空いている席を指定してもらう。注文はすべて各席に設置のタブレットで行い、料理はロボットが運んでくる。会計時にレジで初めて店員と対する仕組みである。

このように自動化を進めた結果、100席程度ある店舗でも、アルバイトの店員は2人もいれば足りるようになったという。通常4、5人で組んでいたシフトを半分以下にしたのだから、経営効率はかなりアップする。

もちろん、システム導入のための初期投資や維持費はかかるものの、時給1200円のアルバイトを2人カットできれば、1日で3万円から4万円のコストカットになる。月換算で100万円前後の経費節減になり、その中で減価償却することはそれほど困難ではない。

人手不足でほんとうに困っている企業が存在するのはわかる。だが、企業努力をせず安易に給料を上げるのは避けるべきだ。

人が集まるのは、給料が高い企業ではなく、健全な経営を行なっている企業、イノベーションを起こせる企業であることを忘れてはならない。

今後伸びていく企業の条件はほかにもある。詳しくは、第4章で述べていく。

リスク→チャンス／人手不足は会社が変わる絶好機

Column

世界と経済が学べるオススメ映画①

『七人の侍』（1954年 黒澤明監督）

22ページでも述べたが、アメリカを代表する7つのIT関連企業を「マグニフィセント・セブン」と呼ぶ由来となったのは『荒野の7人（The Magnificent Seven）』だった。この元ネタと言われている作品が『七人の侍』である。

世界の黒澤の名を不動のものとした、日本映画の最高傑作の1つとされる。

時は戦国、天正年間。40人の野武士集団の略奪に苦しめられていた山間の小さな農村の人びとが戦うことを決意し、さまざまな経緯から島田勘兵衛（志村喬）ら7人の侍に助けを求める。勘兵衛は村の防御方法を考え、農民とともに戦う。野武士集団を徐々に掃討し最終決戦で勝利を収め、村には平和が訪れる。

以下、壮大なネタバレになるのでご容赦願いたい。

7人の侍は4人が死亡し、勘兵衛は4人が眠る墓地の丘を見上げる。

一般にチーム全体の活躍を描く作品の場合、視聴者がすぐに覚えられるのは4人が上限とされる。5人以上の場合は、キャラクターが立っていなければならず、その点で本作品は実に個性的な7人を揃えている。

○島田勘兵衛（志村喬）――リーダー

×菊千代（三船敏郎）――農民の出だが、腕っぷしは強く、最後の決戦では獅子奮迅の活躍。

○岡本勝四郎（木村功）――育ちのいい侍も、最年少で前髪も下ろしていない。

×片山五郎兵衛（稲葉義男）――おだやかな性格で軍学にも長ける参謀役。

○七郎次（加東大介）――リーダーの忠実な部下。ただ一人、長槍を武器として使う。

×林田平八（千秋実）――武術の腕前は今ひとつだが、明るいムードメーカー。

×久蔵（宮口精二）――――寡黙で凄腕の剣客。
（○が最後まで生き残った３人）

７人のうち４人が死亡し、しかも侍と農民の身分や考え方の違いも描く、当時の時代背景もしっかりと反映させている。こうした脚本が書けたのは、昭和29年という時代もあるのだろう。

映画が公開された１９５４年といえば、明治維新から86年。まだ江戸時代生まれの老人もわずかに残り、江戸の雰囲気を残した明治時代に育った層が人口の多くを占め、侍とはいかなるものかを知る人々も多くいたはず。

「武士道とは死ぬことと見つけたり」という『葉隠』の言葉が示すように、見苦しい死に方で名を汚すことなく、名誉のため、主君への忠誠のため、桜のように鮮やかに散ることが侍のあるべき姿と考えていたはず。

現代人のように「いかに人生を謳歌しようか」という考えはおそらく侍にはなく、そのことを多くの人が知っていた。そのような背景で迫力ある映像が作られたのかもしれない。

イーロン・マスクは三船敏郎？

個性際立つ7人の侍は、マグニフィセント・セブンの創業者7人に当てはめるとどのような感じになるのか。個人的な思いだが、イメージとしてはビル・ゲイツが志村喬の島田勘兵衛、イーロン・マスクが三船敏郎演ずる菊千代というところか。

ビル・ゲイツ（マイクロソフト）——IT時代をリードしたリーダー↓**島田勘兵衛**

イーロン・マスク（テスラ）——南アフリカ出身、学生時代にいじめに遭うなど苦しい時代を過ごしたが、現在は様々な業種に積極的に進出し、ビジネスマンとしての〝戦闘能力〟は高い↓**菊千代**

マーク・ザッカーバーグ（メタ）——最年少40歳、裕福な家庭で育つ↓**岡本勝四郎**

スティーブ・ジョブス（アップル）——一時はアップルから解任されるなど、波乱万丈の人生を送る。ライバルのマイクロソフトの支援を受けて業績を向上させるなど戦略家でもある↓**片山五郎兵衛**

ジェンスン・ファン――GAFAMに良質の半導体を送り出し、GAFAMを支
(NVIDIA)える存在↓**七郎次**

ラリー・ペイジ――攻撃的ではなく、ビジネス成功後もさらに先進的プロ
(グーグル=アルファベット)ジェクトに興味を示すなど前向きな生き様↓**林田平八**

ジェフ・ベゾス――メディア嫌いで多くを語らないが、さまざまなジャンル
(アマゾン)に進出するビジネスマンとしての戦闘力は高い↓**久蔵**

あながち、悪くない配役である。

一生の時間を使っても、費やしきれない財産を築いた7人。個性も際立っている。現代アメリカ版「七人の侍」では、はたして誰が生き残るのだろうか。

第2章

規制、規制、規制!

「トランプ・トレード」で再び世界が分断する

リスク11 2期目のトランプ政権

最後の任期はより保守色が濃厚

2024年11月の大統領選挙でドナルド・トランプ候補が勝利した。

2020年の大統領選挙で敗れて職を離れながら、4年後の2024年の選挙で再び勝利して〝飛び石〟の2期目が2025年1月にスタートする。アメリカ合衆国憲法修正第22条で三選は禁止されているため、今回が最後の任期となる。

連続ではない2期を務めた大統領は1885−1889年と、1893−1897年のグロバー・クリーヴランド（民主党）以来、米国史上2人目。クリーヴランド大統領も1888年の選挙では落選して弁護士に戻ったものの、1892年に再び民主党の大統領候補に選出され、大統領選では現職のベンジャミン・ハリソンを破って返り咲いた。選挙人の獲得数では277対145という圧勝だった。

今回の大統領選は多くのエピソードを残した末にトランプの勝利となった。まず、2024年6月27日に行なわれたバイデンvs.トランプのテレビ討論で、バイデン大統領の〝劣化〟が明らかになった。

バイデン81歳、トランプ78歳という、日本では後期高齢者（75歳以上）の候補同士の争いということもあり、討論前からその点を危惧する声は存在した。実際、バイデンは壇上で躓き、また、風邪を引いていて声はかすれ、重要な単語を言い間違えるなど、3歳という年齢差以上に老化を感じさせる内容となった。

バイデンは発言内容でも不安を感じさせた。

「我々は最後にはメディケア（高齢者向け公的医療保険）を打ち負かす（we finally beat Medicare.）」と意味不明の主張をしていたのがその典型である。これは、2024年3月の一般教書演説での「メディケアを守り、強化する」とは正反対の内容で、その瞬間、トランプは首を傾げて「何を言っているんだ？」という表情を見せた。

通常の演説ではプロンプターに原稿を表示するので、そのようなことは起きないが、それが使えないテレビ討論でバイデンは醜態を晒す結果となってしまった。この時からバイデン陣営に対するスーパーPAC（特別政治活動委員会）など政治団体からの選挙資金の流れは止まり、民主党内からも「バイデン撤退」の声が強まっていった。

「トランプ銃撃」で一枚岩になった共和党

7月13日にはペンシルベニア州でトランプの暗殺未遂事件が発生。弾丸が右耳を貫通したが、これは事後のビデオなどから貫通前の微妙な頭の動きがなかったら、頭部を直撃していたと思われ、まさに九死に一生を得た。

さらに、トランプは銃撃を受けて退場する際に、星条旗を背景に流血しながらもガッツポーズする姿を見せた。映画『硫黄島からの手紙』の米兵が星条旗を高く掲げるかのような象徴的なワンショットとなった。

それらの結果、トランプ、バイデンともに心配されていた健康問題において、トランプは健康であるだけでなく、世界中に不法な力に負けない強さを印象づけることになった。そして、分裂気味であった共和党もトランプ一本化に向けて動き始めた。

共和党の構造は、主に2つの層で構成されている。トランプを支持する古くからの保守、ネオコンと呼ばれるネオコンサバティブ（新保守主義）と呼ばれる層と、東西冷戦終結後、民主党から共和党に流れてきたような元社会主義者の層である。

いずれの層もグローバリストである彼らが共和党を支えてきたが、前々回2016年の選挙から古い保守の色合いが強まり、トランプ一色の様相へと移行した。

共和党内部で反発する勢力も少なくなかったが、暗殺未遂事件はそれを払拭するに余りある衝撃の事件だった。

事件から3日後の共和党大会では党内でトランプにとって最大の敵対勢力の象徴で、3月に大統領選から撤退を表明したばかりだったニッキー・ヘイリー元国連大使がトランプに投票することを明言。自らの支持者に対してトランプ支持を呼びかけることはしなかったが、結果として共和党は1つにまとまり、移民問題等に関して改めて民主党に問題提起するに至った。

アメリカの世論は良くも悪くもハリウッド的で、勧善懲悪の図式がはっきりしているほうに流れる。暗殺未遂事件を見て、ヘイリー元国連大使も時流というものを意識したのだろう。2028年の大統領選を見据えて現時点で自分ができるギリギリの範囲のことを行なったのは確かだ。

アメリカは再び、製造大国化をめざす

２０２４年大統領選でトランプ陣営が主張したポイントは、アメリカ人の雇用を守ること、そこに付随する形での治安の維持や家族の価値観の維持など、保守的な色合いが並んだ。

何かと移民排斥政策であると批判されるが、トランプは移民そのものを否定しているわけではない。「不法移民を法に従って排斥しよう」と言っているに過ぎない。

選挙公約に掲げる共和党の政策綱領では、国境を封鎖して移民の侵入を阻止、米国史上最大の強制送還作戦を実行するなどとしているが、「移民を禁止する」とは一言も言っていない。

経済的には保護主義を強く打ち出し、アメリカの製造大国化をめざす。

具体的には、アメリカ人の雇用環境が悪化している背景を受けて、アメリカの自動車産業などがメキシコなど海外に工場を移転することを制限する方針を決めている。

トランプ自身の公約はすでにアジェンダ47で明らかにされているが、「中国の最恵国待遇の撤廃」「重要品目の中国からの輸入を段階的に廃止」「米国の企業の対中投資を阻止」「中国からの輸入品に60％を超える追加関税」「すべての輸入品に10％の追加関税を課す」などを打ち出している。

中国に限らず世界各国の経済に影響甚大と言わざるをえない。

リスク↓チャンス／トランプ政権下でアメリカの自動車産業が好景気に

リスク12 州の格差

カリフォルニアからテキサスへの大移動が本格化する

では、前政権のバイデン大統領（民主党）と2期目のトランプ（共和党）の最大の違いは何か。

ざっくり分けると、グリーンエネルギーを利権とする民主党と、化石燃料と在来型のエネルギーを中心とするスポンサーを持つ共和党という構図にある。

共和党の本拠であるテキサス州は全米一の産油地であり、エクソンモービル、ハリバートンなど様々な石油企業、化石燃料、石油関連の企業の本社も存在している。

そのテキサスが近年、他の企業の移転先としても注目されており、２０２４年8月にはシェブロンがカリフォルニア州サンラモンからテキサス州ヒューストンに移転すると発表した。

ヒューストンでは毎年、世界最大規模のエネルギー国際会議である「CERAweek」が開催される。ＣＥＲＡはCambridge Energy Research Associatesの略で、世界有数の情報サービス会社Ｓ＆Ｐグローバル社の傘下にある。

テキサス州ではガソリンに対する州税がほとんどかからない。

一方、カリフォルニア州は、州税が１リッター当たり約１００円以上かかる。そのため、テキサスが１リッター当たり約１４０円なのに対して、カリフォルニアは約３００円する。このような格差を避けるように、とくに富裕層の住民の大移動が起きている。

イーロン・マスクが「カリフォルニア脱出」をする理由

実際、カリフォルニアでは富裕層の住民だけではなく、企業の大規模な撤退が続いている。

ＩＴ企業が集まるシリコンバレーも例外ではない。シリコンバレー銀行（ＳＶＢ）が破綻して、米連邦預金保険公社（ＦＤＩＣ）の管理下に入ったように、このエリアもオフィス需要が戻ってきていない。

とくにプログラム関連のビジネスはオフィスに人が集まる必要はなく、リモートで十二分に仕事ができることがコロナ禍で証明された。

その結果、家賃、税金、生活にかかるコストが高いカリフォルニアから、ほぼ非課税に近いテキサスへの大規模な人口移動も起きている。

人気はダラス、フォートワース、オースティンなどの都市で、全米地域調査（American community survey）のデータでは、2022年のテキサス州の純人口増は約17万5000人であった。

カリフォルニア州からテキサス州への移動は10万2000人、逆にテキサス州からカリフォルニア州への移動は4万2000人で、差し引き6万人がカリフォルニアからテキサスに流入したことになる。

人の移動は企業の移動に伴う場合も多い。

ポップコーンで知られるカシーケイフーズがロス近郊のモンロビア市からテキサス州アービング市へ、冷凍メキシコ料理を扱うルイズフーズはカリフォルニア州ディヌバ市から2022年にテキサス州フリスコ市に本拠を移している。

イーロン・マスクは2024年7月に、「X」(旧ツイッター)と宇宙開発の「スペースX」をカリフォルニア州からテキサス州に移すと発表している。

このような〝意識高い系〟と呼ばれるビジネスのカリフォルニア脱出も進んでおり、この流れが今後どうなるかが大きなポイントになる。

ちなみに、テスラに関しては、2001年にカリフォルニアからテキサスに移転済みだ。

イーロン・マスクが指摘したように、カリフォルニア州ではポリティカル・コレクトネスを中心としたリベラルな思想の押し付けが激しく、それに反発する声も強い。今後、テキサス州など在来型の「共和党エリア」に大移動が始まる可能性は大いにある。

リスク↓チャンス/テキサス発のビジネスが増える

リスク13 「100日ルール」 米中貿易戦争は確実に起きる

第2期トランプ政権は、EVに関する補助金をすべて止めるはずだ。

また、前述した関税規制を中心に、2020年までのトランプ政権が取ってきたような厳しい規制に変更していくのは間違いない。

第2期トランプ政権において復活が見込まれる政策に「クリーンネットワークプログラム」がある。

その内容は「Clean Path」（クリーンな端末から端末までの通信路）、「Clean Carrier」（クリーンな通信事業者）、「Clean Apps」（クリーンなアプリ）、「Clean Store」（クリーンなアプリストア）、「Clean Cloud」（クリーンなクラウドサービス）、「Clean Cable」（クリーンな海底ケーブル）の6つ。

要するに、「中国を外した」6つのクリーンをうたい、新たなネットワーク網、国際ネットワークの構築を目指すものだ。

バイデン大統領になって完全にストップしたが、これらの積み残し政策が新たな4年の任期の中で実施されていくことは疑いない。

大統領であり、最強のビジネスマン

このように第2期トランプ政権誕生で、世界の景観が一気に変化する。

トランプ型の政治手法はわかりやすいほどビジネスライクであり、その特徴の一つに「100日ルール」がある。

期限を決め、100日間に遂行するToDoリストを作り、次々に実施していく。第1期トランプ政権においても、このToDoリストは90%近く実施された。新しい政権でもこの方針は揺るがないであろう。

また、ToDoリストには明確な優先順位がつけられ、優先順位に基づく政策選定が行なわれる。

現在のところ、トランプが大統領になったら即時に行なうとしているのは、以下のとおり。

（1）移民問題への対処（壁の構築の再開と不法移民の一斉摘発強制送還）
（2）関税（全般10％、中国60％）
（3）LGBTやキャンセルカルチャーへの補助金の停止（実施している学校等への連邦補助金を停止）
（4）EV等への補助金の停止

これらの政策で「物理的に」米国人の労働者を守り、「精神的に」キリスト教的価値観を復活させるつもりだろう。アメリカは大統領就任の際、聖書に手を置き宣誓するキリスト教国である。この価値観はユダヤ教にも共通する点が多い。

次の「100日ルール」では、対中制裁が盛り込まれるのは間違いない。バイデン大統領が議会に追い詰められる形で実施した半導体規制も中途半端な部分が多く、議会が求める基準を満たしていない。通信に関しても同様で、そのことがファーウェイの再拡大を招いた。

以上から、トランプ政権で提唱した「クリーンネットワークプログラム」も再び進むものと推測する。

リスク→チャンス／トランプ流「ＴｏＤｏリスト」の優先順位をつかめ

リスク14 対中国の半導体規制

日本の製造機器も制限対象になる

第1章でバイデン政権による半導体政策について触れたが、第2期トランプ政権下ではどうなるのか。

バイデン政権時、台湾のＴＳＭＣが熊本に２つ工場をつくり、将来的には第４工場まで建設が予定されている。北海道に建設中のラピダスはアメリカ、ドイツにも工場を作っている。

このように、先進国だけで必要な量の半導体を生産できるようになれば、トランプ政権が中国に対して徹底的な半導体規制をかけていくのは目に見えている。この基本的な方向性に、民主党・共和党で大きな違いはない。

半導体のメモリ、そして記憶媒体としてのフラッシュメモリに関しては中国企業のＣＸＭＴ（长鑫存儲技術）とＹＭＴＣ（长江存储科技有限责任公司）が生産を拡大しようとしているが、ここに対しても、アメリカ政府は圧力をかけて、生産を停止させる方向で動いている。

じつはこれら半導体も、日本製の部材、マザーマシン、検査機器、アメリカ製の検査機器がないと作れない。

バイデン政権の2024年9月時点で、アメリカは既に、リスク管理の規制基準から米国原産が含まれる割合をテロ支援国家は10％、それ以外は25％を上限とする輸出規制をかけているが、今後はその比率を0％にすることも考えられる。

リスク→チャンス／アメリカの半導体政策を注視する

Column

中東政策はどうなる？　アラブとの関係は修復されるか

第2期トランプ政権では、第1期政権末期の中東戦略に回帰し、宿敵イランへの再制裁が行なわれるはずだ。

同時に、サウジアラビアやUAEとの関係修復を図るものと思われる。これらはイスラエルも望んでいる。

第1期トランプ政権では、サウジアラビアやUAEなどの元から親米の傾向があったアラブ諸国と手を結び、イランと対立した。同じイスラム教でもスンニ派とシーア派は全く別の宗教のようなもので、お互いに嫌悪し合っている。サウジやUAEはスンニ派が多く、イランはシーア派の最大の拠点だ。

「敵の敵は味方」というごく単純な構図で、ユダヤ教とスンニ派が手を結んだのが、第1期トランプ政権末期の国務長官ポンペオの打った政策だった。歴史的なアラブとイスラエル間の和解が進み、イスラエルとサウジ、そしてUAEなどで国交樹立に向かっていたところ、これをバイデン政権はひっくり返してしまった。

バイデン政権ではイランに対する宥和政策をとったものの、何一つ問題は解決せず、アラブとアメリカの関係が悪化するだけに終わった。2024年になってサウジとイスラエルが国交正常化に向けて動き出しているのは、バイデン政権の中東政策の失敗を示すものと言っていい。

トランプはイスラエルを支援する

再びトランプ政権になったことで、伝統的なアメリカの政策に戻していくのは明らかだ。アラブとアメリカの関係、イスラエルとアラブの関係改善を図っていく。

アラブ側もアメリカに強く出られない事情もある。アメリカはシェール革命によってエネルギー輸出国になったことで、石油に関してアラブに頼る必要がなくなった。アメリカを刺激するようなことはしたくないと考えるのは当然だろう。

トランプ大統領とイスラエルの関係は歴代大統領の中でもかなり親密と言ってい

い。第1期政権時代の2017年12月、エルサレムをイスラエルの首都と承認し、在イスラエル米国大使館をエルサレムに移転する方針を示した。また、娘のイヴァンカはユダヤ教正統派ジャレッド・クシュナー（元大統領上級顧問）と結婚。キリスト教からユダヤ教（シオニスト系）に改宗している。

そのイスラエルがイランと一戦を構える可能性が高くなっており、トランプ政権はなりふり構わずイスラエルを支援するのは目に見えている。

イランはハマスの指導者が殺害されたことでイスラエルへの報復を公言して、2024年10月1日にミサイル攻撃を行った。全面的な交戦になる可能性も否定できず、極めて危険な状態と言える。

リスク15 アメリカのウクライナ政策 米露首脳会談が実現する

ロシアに関しては、ウクライナ問題の解決のため、プーチンとトランプの二者会談またはゼレンスキーを交えての三者会談が開かれる可能性が高い。

領土を占領されているゼレンスキーも、金と兵士を消耗しているプーチンも、合意できる点は少ないと思われていたが、ウクライナがロシア領のクルスク州に越境攻撃を加え、一部地域を占領したことで交渉のカードを手にしたのは大きい。和平交渉の妥結は簡単ではないが、一時的な戦闘の停止だけであれば合意する可能性はある。

アメリカとしては一時的な戦闘停止の間に、条件を定めてロシア向け制裁の解除を含む対応を進めることもできる。

たとえば、ロシアが占領している地域を中立地域（クリミア半島を含む）としてしまう。共和党の戦略は、ロシアと中国の離反であり、そのためにはロシアとの協調路線も考えられなくもない。おそらく習近平はこれを最も恐れているだろう。

もともとトランプはウクライナ支援に後ろ向きと言われており、ウクライナ側は不利な条件で停戦をさせられるのではないかと警戒していた。

ゼレンスキー大統領は2024年7月22日にX上で「自由を求める戦いに対する、強固な支援に感謝している」と、大統領選から撤退したバイデン大統領に感謝の意を示した。その直後にロシア領への越境攻撃を開始したのは、「トランプ対策」の側面があったのは間違いない。

ロシアに停戦を持ち出すトランプのねらい

ロシアも苦しい状況は続く。

1941年に始まった独ソ戦以来となる自国領土内での戦闘は、軍事大国としての体面を傷つけられるものである。さらに唯一の収入源である石油産業、ガス産業は火だるま状態である。

ハリバートン、ベーカー・ヒューズなどの産油・産ガスを行なう上で必須となるアメリカの大手石油サービス企業は、ロシアの新規事業を停止し、現地に売却した。

その影響で、ロシア最大の天然ガス生産企業のガスプロムが、2023年12月期決算で24年ぶりの赤字を計上した。最終損益は6290億ルーブル（約1兆400億円）。現状では西側からの制裁が響き、石油や天然ガスを中国に安く買い叩かれ、生産効率も悪化している。

プーチンも、このまま戦争を継続すると国力が弱くなっていくだけという認識はあるはず。ゼレンスキーとしても小さい国が大国相手に戦い続けるのは、他国からの支援が不可欠であるものの支援が続く保証はなく、また、長引く戦争に国民の間に戦争疲れが生じてきたことにも気づいているだろう。

こうした状況でトランプ政権が停戦に持ち込めば大きな実績になり、自他ともに「世界の警察官」と自覚していた時代ほどの権威はないにしても、改めて世界に国際的なリーダーとしての地位を認識させられるというメリットがある。

先に述べたように、ソ連崩壊以降、共和党の伝統的戦略は「反中国」で、ロシアとの間では、ある意味、出来レースをやってきた。中国とロシアを離反させ、中国を孤立させるというのが共和党の基本的な政策である。

民主党はロシアを主敵にしているため、現在は露中接近を許す結果を招いている。ここを離反させるべきというのが、トランプであり、共和党の一貫した外交戦略だ。

実際にプーチンとトランプとの関係は決して悪くなかった。一方、習近平とプーチンとの関係はいまほど良くなかった。

トランプは、露中を再び分断に持ち込み、中国だけを孤立させたいと考えているはず。副大統領候補のバンスはFOXニュースのインタビューで、ウクライナの戦争を「速やかに収束させて、本当の問題である中国に集中できるようにする」と答えている。この発言は、第2期トランプ政権の外交政策をはっきりと示したものと言える。

北朝鮮との歴史的融和の可能性も

北朝鮮への対策も同じ文脈上にある。

2024年7月にプーチンが習近平とカザフスタンで会談した際に、冒頭で「両国は史上最良の時期を迎えている」と発言したが、会談では習近平が偉そうな態度を示し、プーチンが不愉快そうな顔をしていたのが印象的だった。

その後、プーチンは北朝鮮とベトナムを歴訪した。どちらもロシア（旧ソ連）が支援してきた国である。

北朝鮮は朝鮮労働党、ベトナムはベトナム共産党が支配するが、ともに反中の政党であることから、プーチンは習近平に意趣返しをしたことになる。

それを考えるとアメリカは、北朝鮮に対しても、ロシアと同じ文脈で何らかの融和を求めていくだろう。

リスク→チャンス／戦争シナリオの可能性は激減する

リスク16 防衛費の負担増

米が「世界の警察」から「世界の警備会社」へ

第2期トランプ政権では、世界各国に防衛費の自己負担を求めるのは確実だ。

トランプは大統領選の前に行なわれたブルームバーグ・ビジネスウィークのインタビューで、「台湾は米国に何も提供していない。台湾は防衛費を支払うべき」と語った。

これに対して台湾の卓栄泰行政院長（首相に相当）は直ちに反応し、「台湾は防衛に関してより多くの責任を負う意思がある。防衛費を着実に増やしている」と表明した（2024年7月）。

いまやアメリカは、「世界の警察」から「世界の警備会社」に変貌したと言えるだろう。払う金額によってサービスが変わり、同盟国に「いくつかコースがありますが、どれにします？」と提示しているようなものだ。

安全保障のただ乗りは絶対に許されない、と心したほうがよい。

「アジアの安全」は日本に任される

日本に対しても同様に負担増を求めてくるだろう。

２０２２年に日本で策定された防衛力整備計画は、１ドル＝１２０円換算でのもの。円安が進み、仮に１ドル＝１５０円になると、予定していた設備では予算オーバーとなってしまう。

契約通りアメリカから調達しようと思うと、ＧＤＰ２％を超えて支払うしかないことになる。

武器の配備と並行して、核シェアリングを含む「核の傘」の拡大を認め、日本の軍事的自立を促してくる可能性もある。

アメリカとしては、アジアにおける安全保障コストを日本にも負担させることによって、より台湾とフィリピンの安全確保に集中したいというのが本音だろう。

中国の太平洋進出を防ぐには、「核の潜水艦戦略（日本が核を積める潜水艦を共同運用）」が最も有効で、これが実現すればアジアの軍事的リスクは一気に低下する。

日本にとっては非核三原則（持たず、作らず、持ち込ませず）の最後の1つを放棄することになるが、もともと非核三原則は法律で定められているわけではなく、佐藤栄作内閣以後の「国是」として守ってきたものにすぎない。

とくに「持ち込ませず」の部分は、2010年の民主党政権時に当時の岡田克也外相が「そのときの政権がギリギリの判断を、政権の命運をかけて行なう」と衆院外務委員会で答弁しており、決して不可能ではない。

リスク→チャンス／「核の潜水艦戦略」が日米関係を左右する

リスク17 混迷続く欧州

左派主導の政治で苦しむフランス、イギリス

欧州の情勢も混迷が続く。

2024年7月7日にフランスの下院（定数577）選挙の決選投票が行なわれ、まさかの左派連合の勝利となった。

社会党や共産党、環境政党などが組む左派連合の新人民戦線（NFP）が182議席で最大の勢力となり、マクロン大統領率いる中道の与党連合は165議席、極右の国民連合（RN）が143議席となった。

マクロン大統領の後継と見なされていた史上最年少34歳のガブリエル・アタル首相（当時）は辞表を提出。内閣は総辞職したが、NATO首脳会議やパリ五輪も控えており、職務執行内閣として留任した。

共和制を敷くフランスでは、元首の大統領が首相の任命権を持つ。通常は議会の多数

派から選ぶが、今回は単独で過半数を獲得した勢力がなく、首相選びが難航。下院選挙から2ヶ月経った9月5日、ようやく中道右派「共和党」のミシェル・バルニエ氏が任命された。

バルニエ首相は環境相などの閣僚やEUの首相交渉官、欧州委員会の委員も務めてきたベテランだが、左派連合は総選挙の結果を否定するものだとして激しく反発。不信任決議案を提出した。

結局、極右が賛成せず下院に否決されたものの、政権運営の困難は続くと見られている。

トランプ大統領との相性は？

イギリスはボリス・ジョンソン首相の退任（2022年9月）以降、リズ・トラス、リシ・スナク、キア・スターマーと3人が就任する異常な事態となっている。

2024年7月に保守党のスナク首相が解散総選挙を行なったが、労働党に過半数を奪われる大敗で退任。14年ぶりの労働党政権が誕生した。ボリス・ジョンソン首相の下での解散総選挙であれば、このような結果はありえなかったであろう。

第二次世界大戦時には、ナチスドイツに本土空襲を受けても屈しなかったチャーチル首相を輩出したイギリス、やはり国民は強い指導者を求めている。

労働党の勝利は、決して国民が労働党に期待して選択したわけではない。保守党に対するアンチテーゼであった。ある意味、2009年に日本で起きた民主党への政権交代のようなものである。保守党の悪口を言うしか能がない政権では、政策的な物事が見えてこないだろう。

アメリカとともに世界をリードすべきイギリス、フランスの政治状況が左派主導になっているのは第2期トランプ政権との乖離《かいり》を進める結果となりそうだ。

リスク→チャンス／米欧の関係に注目

リスク18 グローバルサウス

新興国がこのままのスピードで発展することはない

かつて第三世界と呼ばれていた「グローバルサウス」が存在感を増している。インドやブラジル、南アフリカ、タイなど、南半球にある国や南半球に近いアジアやアフリカなどの新興国・途上国だ。

そのグローバルサウスでは、資源インフレが起きている。

理由は簡単で、「資源限界」が到来しているからである。

供給可能な資源の量は決まっている。食料についても同じことだ。

貧しい国が豊かになると、「食の高級化」が起きる。腹を満たすため、生存するための食事から、家畜を育ててそれを料理するなど、よりおいしく、多様な食材を求めるように生活レベルが上がる。こうした食の高級化が起きると資源や穀物の奪い合いが始まる。その結果、価格が高騰する。

これが今、世界中で起きていることなのだ。

エネルギーにおいても同じ事象が発生する。

取れる量（供給）に対して客（需要）が多くなれば価格が上昇するのがマーケットの仕組みであり、これ以上グローバルサウスが発達・発展すると、そのニーズを満たすだけの増産をしない限り、地球全体のバランスが崩れる。それを先進国が容認するだろうか。

グローバルサウスが発展すればするほど、エネルギーや食糧の値段がこれまでより高騰し、皮肉にも相対的に先進国の貧困化が進む。先進国も必死にならざるをえない。

グローバルサウスへの圧力は避けられない

新興国の経済発展が一定のところまで行くと、政治的におかしくなる状況は世界各国で頻繁に見られる。

経済が順調に伸びていて発展するかと思われていたミャンマーが軍事政権化し、結果的に発展が抑制された。共産党が支配するベトナムもバブルの崩壊が激しく、国内が不安定化し始めている。

経済が右肩上がりであるうちは国内政治もうまくいくが、どこかで発展速度が鈍り、停滞すると破綻へと進む。世界の新興国の3分の2近くが破綻状態と言われているのはこのためだ。


歴史を紐解けば、新興国の発展にはどこかで急ブレーキがかかるのが通例である。

1997年のアジア通貨危機もそうだった。タイ、韓国、マレーシア、インドネシアなどが発展しようとしたが、「待った！」がかかった。それが繰り返されて時代が進む。

現在も新興国は日進月歩で発展しており、これが逆に大きな問題になってくる可能性がある。

今後、食糧や資源やエネルギーなどあらゆる面で、先進国からグローバルサウスに圧力がかけられるのは間違いない。

物価高騰が止まらないインド

インドの下院の総選挙では、与党連合が苦戦を強いられた。ナレンドラ・モディ首相が率いるインド人民党（ＢＪＰ）が与党連合の中心だが、その基盤は決して安定したものではないことが明らかになる結果だった。

モディ政権による連続3期目は維持したものの、敗北と言っていい結果となった原因は経済面にある。インフレに対する国民の不満の高まりだ。

だが、今のインドでどんな政権が指揮を執ったとしても、インフレに対する国民の不満は解消する方法がない。

好況とか不況といった問題ではなく、本質的にモノが足りないのである。

世界一の人口が求める需要を満たすだけの供給がないから、インフレが止まることはない。モディには気の毒だが、合格点が与えられる供給量のハードルが高すぎる状況がまだまだ続くだろう。

世界の新興国は一時的なリセッションを繰り返すため、なかなか前に進まない。世界的に大きな流れで見ると、2024年6月のG7プーリアサミット（イタリア）によって、再び西側の指導体制が確定した。

世界は自由主義圏の西側と、権威主義の東側という二つの体制に分かれるなか、新興国、グローバルサウスの多くは中国側につく動きが目立っている。ブラジル・ロシア・インド・中国・南アフリカ共和国の5か国に代表され、加盟国を増やしつつあるBRICSはその受け皿と言える。

新興国の多くは中国側に乗る形になり、世界の分化はますます進んでいくというのが、現在の流れである。

今後、そのさらなる分化の過程において、西側のグループに乗り換えるのか、それとも新興国のグループなり、中国がいる東側のグループに収まるのか、踏み絵が進んでいるという状況と見ておいていいだろう。

こうした状況で西側の企業がグローバルサウスで商売ができるかというと、なかなかうまくいかない。

とくに、アメリカファーストを掲げるトランプ政権は、世界の均衡ある発展を願うグローバルサウスの思惑とは一致しないと考えたほうがいい。

地下資源に恵まれ、経済発展の著しいＢＲＩＣＳの国々を新興国・途上国の発展のモデルとして考える時代は、そろそろ終わろうとしている。

リスク↓チャンス／「ネクストＢＲＩＣＳ」を探せ

リスク19 グリーンバブルの崩壊　ＥＶ離れが止まらない

２０２５年1月に就任するトランプ大統領のもとでは、グリーンバブルの終焉は既定路線だ。ＳＤＧｓも、バイデン大統領が推進していたＧＸ（グリーントランスフォーメーション）も終わりを迎える。

グリーンバブルを象徴するＥＶ（電気自動車）は、すでに尻すぼみの方向に動いている。この流れは止まらないだろう。

大きな理由の一つに、輸送のリスクが大きすぎることがある。

ＥＶが搭載している大型のリチウムイオン電池は、強い衝撃を受けてショートすると内部温度が上昇して発火する性質がある。この燃焼力がかなり強力なことと、一度燃え始めたら空気を遮断するだけでは火が消えない性質も相俟って、非常に厄介な火災を引きおこすのだ。

５０００台ぐらいを積んで海を行く自動車運搬船の中で、１台でもＥＶ車が燃えたら、もうお手上げである。自然鎮火を待つしかないことからおそらくはすべての車が運命をともにすることになり、船も廃船となるであろう。

2022年2月、ポルトガル沖で、4000台近くの車両を積み、ドイツからアメリカに向っていたFelicity Ace号に火災発生。ポルシェやアウディなどの高級車とともに、船は沈没した。

2023年7月には4000台近い車両を積んだ正栄汽船の船がオランダ沖を航行中に火災に見舞われた。こちらは曳航されて沈没は免れたが、大きな被害を出した。

こうした事故が続いたこともあり、カーフェリーでも運転手同乗以外の車は乗せないなど、警戒の姿勢が広がってきている。

それはそうだろう。カーフェリー内で、燃え尽きるまで手の打ちようがないEV火災が起きたら、乗客乗員の全員避難さえ難しいかもしれない。

そのようなハイリスクなものを船に積めるはずがない。乗船客の命に危険を及ぼしかねないものを乗せるほうがおかしい。

イーロン・マスクとの「蜜月」は幻か

アメリカの大手レンタカー会社ハーツが6万台のEVのうち2万台を処分したように、ユーザーのEV離れが加速している。

中国では1台50万円から買えるほどの安値競争が始まっている。そこまでの投げ売り状況では収益はほとんど期待できない。

トランプは副大統領候補を決める際に、テスラのイーロン・マスクからJ・D・バンス上院議員の起用を働きかけられたとCNNで報じられている。

マスクは暗殺未遂事件後にトランプ支持を表明し、毎月4500万ドル（約68億円）を献金する方針などと伝えられた。もっともトランプ本人は「現金のやりとりはない。全く献金を受けていない」と報道を否定した。

献金は受けていないというのが一つの答えで、イデオロギー的に近く、お互いにマッチングするのかもしれないが、それがビジネスにそのまま反映されるかというと、それは別の話になる。

Ｊ・Ｄ・バンスの副大統領への起用も、本人が大統領選の勝敗を分けると言われるラストベルトのオハイオ州の出身であることが起用の理由とされており、そのあたりが真実と思われる。

リスク↓チャンス／ＥＶの時代はまだ来ない

リスク20 宇宙ビジネス戦争

中国による「宇宙ゴミ」をめぐり対立激化

宇宙ビジネスは確実に推進されるだろう。

冷戦時代は米ソで激しく争った宇宙開発分野だが、現在は中国、インドなどがアメリカの強敵として浮上してきている。

とくに中国の宇宙に対する取り組みは非常に危険視されており、アメリカを筆頭とする西側諸国は恐怖を感じている。

中国は、宇宙ゴミ（スペースデブリ）は放置したままにする、平気で他国の衛星などをミサイルで撃ち壊すなど、無法を絵に描いたような手法でさまざまな問題を起こしてきた。地球上でも他国の領海に侵入して「自分たちのものだ」と言い張る国だから、目の届きにくい宇宙空間ではなおさらやりたい放題になっている。

現在、問題になっているスペースデブリであるが、広大な宇宙空間に多少ごみを捨てようが問題ないのではないかという認識は誤っている。

スペースデブリは使用済みの人工衛星や切り離したロケット、ミッション遂行中に放出した部品、個体ロケットモータスラグ（燃えカス）などで、人工衛星などにぶつかると甚大な被害をもたらす。

２０２０年に宇宙航空研究開発機構（ＪＡＸＡ）が公表した資料では、10㎝以上の軌道上物体の数は約2万３０００個（２０１８年5月25日時点）に上っているとされる。これらが衝突する時の速度は、秒速10～15㎞にもなる。ちなみにライフル弾の速度が秒速約１㎞であることを知ると、背筋が寒くなるだろう。

中国は「宇宙に１つぐらいゴミを捨てても」と思っているのかもしれないが、そのゴミがライフルの10倍以上の速度で人工衛星などにぶつかることを思えば、「やめよう」と思うのが普通の人間の思考だが、それを中国に求めるのは酷な話なのだろうか。

中国の宇宙開発にも当然、規制が入る

アメリカとロシアの宇宙開発競争は、互いに先を争ってはいたが、どこかに人類の未来に資するという誇りと、相手への妨害行為は避けるというような抑制があり、ある程度の相互信頼が成立しているところがあった。

だが、中国はそのような部分をまったく無視し、どんな手を使っても他に先んじるという姿勢で一貫している。どういう形で中国を抑制していくかがアメリカにとって大きな課題となる。

中国の宇宙開発には、アメリカや日本の通信機器や特殊部品が使われていると言われており、抑制措置としてそれらの輸出禁止処置等がこれから行なわれるだろう。

すでに中国側は、航空機や宇宙関連の部品の海外輸出を2024年7月から規制対象にしている。

それに対し、アメリカの商務省産業安全保障局（BIS）は、中国の6つの研究所と1つの企業を輸出管理規則（EAR＝Export Administration Regulations）上のエンティティーリ

スト（EL）に記載するとした。

このリストは、アメリカの安全保障や外交政策に反する活動に関与していると考えられる個人や団体を記載するものだ。

この流れはトランプ政権にも受け継がれ、米ソ冷戦時代の宇宙開発に似た状況へと進んでいくのは間違いない。

リスク→チャンス／「米中宇宙戦争」のそばで漁夫の利を得る日本企業

Column

世界と経済が学べるオススメ映画②

『大統領の陰謀（All the President's Men）』

（1976年 アラン・J・パクラ監督）

アメリカ合衆国史上、初めて大統領が辞任するに至るきっかけとなったウォーターゲート事件を調査したワシントン・ポストの2人の記者の活躍を描く。原作はノンフィクション書籍『大統領の陰謀 ニクソンを追いつめた300日（All the President's Men）』。

ウォーターゲート事件とは、1972年の大統領選挙戦の最中に民主党本部に盗聴の目的でCIA工作員が侵入して逮捕されたことをきっかけに、1974年にリチャード・ニクソン大統領が辞任するに至った一連の経過を指す。民主党本部が入っているビルが「ウォーターゲート・ビル」であったことからその名が付けられた。

侵入犯人がニクソン大統領再選委員会の関係者であったことが判明した後も、ニクソン大

統領は侵入事件と政権は無関係という立場を貫いたが、ワシントン・ポストの取材記事によって次第に政権内部の関与が明らかになっていく。

2人の記者は取材を進めるうちに有力な情報提供者に出会う。ディープ・スロートと呼ばれるその人物は政権側の情報をリーク、再選委員会の不自然な金銭の流れをきっかけに侵入事件の全貌が暴かれる。

1972年の大統領選は共和党で現職のニクソン候補が民主党のジョージ・マクガヴァン候補に圧勝（獲得した選挙人は520対17）して2期目に入るが、ワシントン・ポストの報道でアメリカの世論が動き、事件の関係者は起訴—有罪の道をたどる。2期目のニクソン大統領も、大統領弾劾は避けられないとの判断からテレビ演説で辞任を表明した。

なお、後にディープ・スロートがFBIのマーク・フェルト副長官であることが明らかになっている。

世界最高の権力者を新聞記者2人が辞任に追い込んだことから、しばしば、アメリカのメディアの公正さや、世論を動かす力を示すものとされる。メディアが第4の権力と呼ばれるようになることに重要な役割を果たした歴史的事件と言える。

同紙で事件を担当した若手のボブ・ウッドワード記者をロバート・レッドフォードが、先輩の記者カール・バーンスタインをダスティン・ホフマンが演じた。

メディアは本来の役割に立ち返るべき

映画は、2人の記者の行動を淡々と描写していき、報道は取材で得られた事実の積み重ねであることを感じさせる。

ワシントン・ポストはあくまでも客観的な調査報道を行なっており、結果的に大統領を辞任にまで追い込んだ。メディアは権力の監視役でもあり、その役割を見事に果たしている。原作となった書籍とともに本作は日本のメディア関係者に与えた影響は大きく、権力に屈しないメディアのあり方を語る際に必ず引き合いに出される。

この「メディアは権力の監視役」という部分だけがクローズアップされ、昨今の日本のメディアでは、特定の政治的立場を代表するものになりがちなのが残念だ。

そうしたメディア関係者にはこの映画を見てもらい、報道の原点に立ち返ってほしい。新大統領が誕生したアメリカで、再びウォーターゲート事件が起きる可能性もあるのだから。

第3章

チャイナバブル崩壊!

中国に代わり日本がアジアを世界に押し上げる

リスク21 アメリカの対中政策

南シナ海は一触即発の危機に

最初に本章の結論を述べてしまうと、2025－26年で中国経済の息の根が止まる可能性が高い。そのキーマンは当然ながらアメリカと日本である。

アメリカの対中政策の内容はすでに議会で決している。ホワイトハウスは、USCC（米中経済・安全保障調査委員会）から出されるレポート通りに政策を実行しているからだ。つまり、USCCレポートを見れば、アメリカが中国をどう思っているか、何をしようとしているのかは一目瞭然なのである。

では、USCCレポートは中国をどう見ているかというと、完全に「敵国」とみなしている。

たとえば、中国の南シナ海への進出に伴って生じたフィリピンとの衝突においては、2

016年のオランダ・ハーグの仲裁裁判所の判決が判断の基本となっている。

すなわち、中国が造成する人工島を島と認めず、スカボロー礁などを「岩」と認定し、排他的経済水域（EEZ）は設定できないとした判断を尊重し、それに沿った政策を実施する。人工島の排除から始めるべきで、そこがアメリカの政策のマイルストーンになると書かれている。

このことからも、アジア情勢、とくに南シナ海の問題においてアメリカが妥協することはないだろう。

これに対して習近平は、強気の態度を示す。

EU訪問の際の報道で「南シナ海の島々は昔から中国の領土で、領土、主権、海洋権益はいかなる状況でも仲裁判決の影響を受けない。判決に基づくいかなる主張や行動も受け入れない」と国際法を無視する姿勢に出ていると報じられた。

2024年8月25日に南シナ海のサビナ礁で中国海警局の船がフィリピンの漁業水産資源局の船に衝突し、放水砲を浴びせた。この6日前には同海域で中国海警局の船がフィリピンの沿岸警備隊の巡視船に衝突する事件が発生している。

この一件だけでも、米中の対立は決定的だ。

中国が南シナ海があたかも自国の海だというような振る舞いを続け、アメリカが1979年から実施している「航行の自由作戦（FON＝Freedom of Navigation）」と対決姿勢を見せれば、軍事的衝突に発展してもおかしくはない。

アメリカによる「経済的な武力行使」

アメリカに対してファイティングポーズを示す中国ではあるが、それでも現時点でのパワーバランスを考えれば、ただちに武力を行使するとは思えない。

後述するが、2023年12月にアメリカは対露制裁を強化させ、制裁逃れに加担する第三国の金融機関も制裁対象に加えた。中国の大手4行はやむなくロシア事業の見直しを決定し、中露間の決済事業の80％が停止を余儀なくされている。

これが現状の米中の力関係を如実に示している。

アメリカも軍事的経済的なパワーを背景に、中国に対しては経済面での攻勢をしかけてくる。これは共和党、民主党にかかわらず一貫した対中政策であるのは言うまでもない。

リスク→チャンス／米の一貫した政策が中国の横暴なふるまいを抑止する

リスク22　2035年の中国　具体的な経済対策を打ち出せない習近平

2024年7月15~18日、中国共産党の3中全会（第20期中央委員会第3回全体会議）が開催された。

中全会は党指導部や序列上位約200人の中央委員が参加する全体会議のことで、中長期の経済政策方針を決定するケースが多い。

3中全会では「改革のさらなる全面深化と中国式現代化の推進に関する決定」が審議・採決され、2035年までに高水準の社会主義市場経済体制を完全に確立することとなった。

21世紀の今、「高水準の社会主義市場経済体制を完全に確立」とは時代錯誤と言うしかないが、これが中国、習近平の現実だ。

中国共産党が取りうる経済政策は改革開放の社会主義的な部分を取り去って真に市場経済に門戸を開くか、それとも共産主義へ回帰するかの二者択一である。

前者を選択すれば、自身に集権化してきた習近平政権は崩壊してしまう。そのため後者を選択して共産主義体制を強化し、配給型の経済体制を作る以外、国家の骨格を維持できない。

習近平としては、まさに八方ふさがり。打つ手がない状況だ。

リスク→チャンス／中国の国際的な影響力は右肩下がりに

リスク23 中国不動産バブル 「張子の虎」の経済構造。解決策はない

これまで中国は、不動産業がＧＤＰの30％近くを占めていた。国内の不動産価格の上昇によって資産効果が生まれ、国民が経済的な恩恵を受けてきた。ところが中国の不動産は完全に「張子の虎」であることが露見してしまった。

中国における不動産業の実質成長率は激しく落ち込む一方である。

中国の不動産バブルの象徴とも言える中国恒大集団（エバーグランデ）は、保有する土地の値段が年々下がっていくのだから、朝目が覚めるたびに含み資産が減少していく悪夢のような日々を経験しているだろう。

会社として担保能力が減少し、資金集めが難しくなる。それどころか激しい土地価格の下落があれば担保割れして追証を求められる可能性がある。

巨額の負債を抱えているとして話題になっている同グループは２０１９年、２０２０年に１７０兆円あったとする売上が、実際は80兆円しかなく、90兆円の粉飾だったこと

が明らかになった。

「30億人分以上の空き物件」の買い手はいるのか

不動産業がらみで生み出された富が経済発展のベースになっていたが、その地盤が瓦解していく過程にある。それが今の中国経済である。

中国共産党としては、国の分配体制を強化して、落ち込む一方の経済状況をソフトランディングさせることで国民の不満を抑えていかなければならない。

その一つの対策が国家公務員や大学教授、国有企業社員などの海外渡航の規制である。あまり知られていないが、中国人の在留人数が最も多いのはタイで、約930万人もいる。中国国内で不動産を買えなくなった人びとが、タイの不動産投資に流れて、同国では不動産ブームが起きている。

これがその他の国に飛び火して、自国の不動産バブルで稼いだ資金が海外へと流出するのを避けるため、富裕層、知識層の海外移住を制限したのである。

今回の中国の不動産不況を解決する手段はない。すでに手がつけられない領域に踏み込んでしまっている。

中国の人口は14億人である。（実際は11億人ではないかという声もあるが）14億人しかいないところに30億人分以上の空き物件があると言われていて、想像を絶するほどの供給過剰である。これは派手なバブル崩壊となるしかない。

バブル崩壊が終わるのは、過剰だった供給に新たな買い手が生まれ、不動産価格が再上昇局面に入った時だが、これほど大きな在庫を抱えてその時を待つということは不可能だろう。

30億人分の空き物件とはにわかにはその大きさを推し量れないのだが、世界人口が80億人だから、その40％弱といえば何となく想像できるだろうか。

日本の不動産バブル崩壊の時には、その象徴となった住宅金融専門会社（住専）の損失が6・4兆円だった。この不良債権処理のツケがいかに重い経済の足かせになったかを実感として覚えている人は少なくないだろう。

今回、中国恒大だけで、じつに50数兆円の負債を抱えている。その下請け、孫請け、そして関連企業等に手形の不渡りという形で連鎖しているはずで、この規模になると、GDP世界第2位の経済大国でも手のつけようがない。整理しようにも次から次へと負債が出てきて、他の企業に波及していくのは目に見えている。

このように中国のバブル崩壊が始まっているが、李強首相は2024年6月に大連で行なわれた夏季ダボス会議（世界経済フォーラム）で「中国は開放された大市場だ」と話して海外からの対中投資の拡大を求めた。

しかしながら、今の中国に莫大な投資をする企業など果たして存在するのだろうか。

リスク→チャンス／中国の不動産価格はまだまだ下がる

リスク24 中国のインフラ投資

「成長なき支援」では、世界からは求められない

中国経済が落ち込むほど、これまで新興国・途上国の電力、運輸、産業のインフラ整備の中心となってきた中国の代わりに、日本や日本企業に期待が集まるだろう。

もともと日本はODA（政府開発援助）で、積極的に途上国支援を行なってきた。かつては世界一だった政府開発援助の実績も、2023年にはアメリカ、ドイツに次いで3位に甘んじているが、長い間安定的に途上国支援を行なってきた実績は世界中が知っている。

安倍晋三政権時の2016年伊勢志摩サミットでの首脳宣言では、**「質の高いインフラ投資の推進のためのG7伊勢志摩原則」**が出された。ただ支援を行なうのではなく、質の高い支援を行なうという宣言にほかならない。

この宣言で明らかにされた「質の高い」インフラ投資には5つの原則がある。簡略化

して示すと以下のようなものだ。

原則1：効果的なガバナンス、経済性、持続可能性、信頼性のある運行・運転及び安全性と自然災害、テロ、サイバー攻撃のリスクに対する強じん性を確保

原則2：現地の労働者の雇用創出、現地コミュニティへの技術・ノウハウの移転に貢献しようと努める

原則3：インフラプロジェクトの社会・環境面での影響について配慮しなければならない等

原則4：案件準備及び優先順位づけ段階からのステークホルダーとの対話を通じ、国家及び地域レベルにおいて経済・開発戦略に沿ったものとすべき

原則5：PPP（官民連携）やMDBs（国際開発金融機関）等を通じたその他の形態の革新的な資金調達により、民間部門を含む資金を効果的に動員すべき

こうした質の高いインフラ投資の強調は、中国のインフラ整備は非常に質が低いと言外に語っているに等しい。中国が整備したインフラには、5つの原則の一部、あるいは

すべてが満たされていないと考えていい。

中国は自国から人材を含めてさまざまな物資を支援先の国に持ち込み、現地の人びとに過酷な労働を強いているだけなのではないだろうか。

「高速鉄道外交」は崩壊寸前

あまり知られていないが、中国では「高速鉄道外交」と呼ばれる構想を進めている。「一帯一路」沿線の諸国と中国とを高速鉄道で結ぶというものだ。

北京～ロシア～欧州の欧亜高速鉄道、重慶～中央アジア、イラン～欧州の中亜高速鉄道、昆明～インドシナ半島～シンガポールの汎亜高速鉄道の3つで構成された雄大な計画である。

とは言うものの、いかんせん経済的・政治的なハードルが高すぎて、とうてい実現できそうにない。一部でも仮に実現できたとしても、快適性や安全性など、日本の新幹線のようなクオリティは到底期待できない。

日本は質の高いインフラ整備で支援し、採算性がとれるインフラ投資を積極的に行なっていくことは、安倍政権以来の方針であり、これからも変わることはない。

日本の質の高いインフラ投資は、現地に技術移転をしながらやっていく、原則2のパターンで実施するため、中国とは根本的に異なるのだ。

そもそもODAの支援とは、現地が社会的経済的に自立できるような形で行なってこそ意味がある。中国が、砂漠に水を撒き続けるような支援を続けるほど、日本の出番が増えていくのは間違いない。

中国の「一帯一路」は、支援される国が彼我の汚職の温床と化し、それが明るみに出て政権が転覆するという事態まで発生させている。

そろそろ途上国側も、中国のインフラ投資に頼る危険を理解し、徐々に日本やドイツ、アメリカにシフトしていくとよいのだが。

リスク→チャンス／世界のインフラ投資も「日本シフト」へ

Column

「中露蜜月」は真っ先に制裁の対象になる

ここで中国とロシアの関係について述べておこう。

米英の制裁対象であるベラルーシの軍需産業へ、中国の機械メーカーがロシアの兵器生産に不可欠な精密部品（兵器の照準器に使用される部品等）を輸出し続けていることがわかった。

中国がウクライナ侵攻を続けるロシアを支援していることは、開戦後の早い時期から囁《ささや》かれていた。

そこで、前述したように、２０２３年12月にアメリカは対露制裁を強化し、制裁逃れに加担する第三国の金融機関も制裁対象に加えた。

ロシアは中国の銀行、とくに地方銀行を中心とした銀行の海外支店、中央アジアやアフリカの海外支店とのあいだで人民元決済システムを利用して決済していた。当初アメリカは、ロシアの銀行は制裁対象にしたが、第三国の支店までは制裁の対象としていなかったのだ。

この抜け道のような決済構造を調べ上げたアメリカは、ピンポイントで海外支店を金融制裁の対象にした。そのため、中国の銀行は決済ができなくなっている。

中国とすればロシアを支援したいが、金融制裁を受けるデメリットを考えたら割が合わない。どんなに自国の経済が発展しても、貿易のドル決済ができなければ生きていけないのだから、中国は身動きが取れないのだ。

アメリカの制裁強化は、ウクライナ情勢の帰趨を決するファクターになりうるだろう。

リスク25 中国のEV戦略

価格競争のすえ、EV市場は「焼け野原」になる

中国のEVビジネスも、アメリカ同様に厳しい局面を迎えている。

BYD（比亜迪）がアメリカのテスラを抜いて2023年10～12月のEV販売で世界首位に立ったが、2024年1～3月期には販売台数が前期比で4割以上減少して、あっさりと2位に転落した。

不振の理由の1つに、新興メーカーとのあいだで展開された激しい値下げ合戦がある。これで利益率が大きく損なわれている。

スマホの大手・小米科技（シャオミ）は2024年3月にEVセダンを中国で発売し、市場に本格参入を果たした。

昭和の感覚では、スマホや家電メーカーが自動車市場に入ってくるというのは信じ難い話であろうが、今ではこれが普通である。

無人で走る車の中で映画を楽しむ中国人の動画が話題になり、この光景が当たり前に

なる日も近いのではと多くの人が思ったことだろう。

だが皮肉なことに、少なくとも中国においては、そんな未来は望めそうもない。そう言っていいぐらい、中国ＥＶ業界は苦難のときを迎えている。

ＥＶは大人用のゴーカートと思えばいい。極端に言えば、プラットフォームの上にアルミダイキャストのボディを載せて接着剤で貼って一丁上がり。そこにＡＩを載せて先進性をアピールする。

自動車製造のノウハウなど持たなくても、誰でも作れてしまう代物だ。そのため、不動産業の中国恒大すらＥＶに進出しようとしていた。

これは本業の赤字で実現しなかったが、日本に置き換えたら、三菱地所がＥＶ市場に殴り込みをかけるような事件で、そのレベルの変化が簡単に起きてしまうということを示している。

そのような状況の下、市場は過当競争になり、中国企業同士が潰し合うカニバリズム状態が生れてしまったのだ。

そのうえ、メインの市場となる欧米では高い関税が設定された。

ＥＵは２０２４年7月5日から、中国製ＥＶに対して17・４～37・６％の追加関税を課すことを決定。それに先立ち、アメリカは同年5月に、中国製ＥＶに対して関税１００％を課すと発表した。

それまでの25％から一気に4倍の関税となれば、利益は一気に消滅するだろう。

こうした事情から中国としては、もはや国内で売るしかなくなった。

関税障壁のない新興国に売ろうと思っても、多くの国はＥＶのためのインフラが整備されていない。ガソリンスタンドはあっても電力スタンドはない。

新興メーカーが次々と参入したうえ、海外にも売れない状況となれば、住宅と同じように激しい供給過剰となるのは明らかだ。いずれはダンピング合戦になって体力のないメーカーから消えていく。そんな惨状が、近い未来起きるだろう。

日本の自動車メーカーの「中国離れ」が止まらない

EVだけでなく、燃料で動く自動車も低価格中国車に押されて、日本勢の販売が落ち込んでいる。

その結果、ホンダは広州と武漢にある2つの合弁企業の工場を2024年秋に閉鎖することを決めた。三菱自動車はすでに中国から撤退し、日産自動車は中国にある8つの工場のうち、常州市の工場を閉鎖した。

積極的な海外からの投資を受け入れて発展した中国だったが、ここにきて海外企業の生産拠点の撤退、閉鎖が相次いでいる。

中国経済が転換期に入っていることは、自動車産業の動向を見れば明白だ。

ピンチ→チャンス／中国市場を当てにしない

リスク26 日本企業の「中国離れ」「撤退」の負の連鎖が次々起きる

日本企業の「中国離れ」について、もう少し詳しく説明しておこう。

これまで日本企業が、中国から逃げたくても脱出できなかった理由は、中国からの資金移動ができないことに尽きる。

収益を投資に回せても、お金を日本に持ち帰れない。今まで投資をしてきたのでバランスシート上は資金があるが、移動できないから実際には使えないのだ。

それでも黒字が出ている限り、企業経営者としては撤退を進めるわけにはいかなかった。

ところが赤字になってしまえば、撤退の正当な理由になる……これが、日本企業が中国を続々と脱出している背景である。

実際、各企業で赤字化が進み、撤退の理由が生じた会社が増えてきた。それが前項で触れたようにホンダ、三菱、日産など自動車関係において顕著だ。

鉄鋼も日本製鐵が2024年7月に、中国の鉄鋼メーカー「宝山鋼鉄」との合弁事業「宝鋼日鉄自動車鋼板」から撤退すると発表した。保有するすべての株式は宝山鋼鉄に360億円で売却されるという。

2004年に設立された宝鋼日鉄自動車鋼板は、2024年8月に契約期間が満了となるため、それに合わせての撤退である。EV普及の中、日本の自動車メーカーが中国市場で苦戦していることが背景にあるのは間違いない。

「下請け撤退」で製品クオリティがさらに落ちる

日本製鐵に先立ち、2023年7月、パナソニックはビル用エアコンの生産を、大連などの海外工場から大泉工場（群馬県）に移管することを発表した。こちらは地政学リスクへの対応などが撤退の理由とされている。

これらの相次ぐ撤退は、大企業のケースばかりがクローズアップされるが、大企業が撤退すると、当然のことながら周辺の下請けの関連企業も同時に撤退する結果となる。この影響を忘れてはならない。

これらの下請け企業は、たとえばトヨタだけではなく、現地の中国企業にも部品を売っている。日本企業の撤退は、中国企業に対する日本メーカー製の高品質な部材の供給が止まることを意味する。

撤退後は当然、中国企業が代替しクオリティは一気に低下する。中国製品のキーパーツは日本製に頼っている割合が大きい。このキーパーツが中国産に代わると製品の不良率が上昇し、耐久性は低下する。

すでに中国国内でサプライチェーンの瓦解が起きている。この瓦解は同時に、ほかの日本のメーカーの撤退を呼び、負のスパイラルが加速されるだろう。

中国に残る日本メーカーにしても、部品を購入していた日本の部品メーカーの中国工場がなくなってしまうと、手に入れる手段を失ってしまう。

その部品を日本から輸入するのか、自らサプライチェーンを用意するのかとなってくると、結局はどちらも効率が悪化するから「撤退」が視野に入ってくる。

このような連鎖がこれから進んでいくだろう。

アメリカは中国に対する制裁をさらに強めていくのは確実であるため、サプライチェーンの瓦解が必然的に加速していくことになる。

リスク→チャンス／大企業の国内回帰がＧＤＰに寄与する

リスク27 中国のシニア消費　豊かな富裕層はごくわずか

日本では少子高齢化が急激に進んでいるが、中国にもその波は押し寄せている。

中国老齢科学研究センターは2022年3月に「中国老齢産業発展及び指標体系研究」を発表した。

これは、『人民網』などが報じたもので、その内容は2030年までに高齢者の消費総額は12～15・5兆元（240から310兆円）増加し、2050年までの同消費総額は40兆～69兆元（800から1380兆円）と予測している。この市場は一見すると、魅力的なように思える。

しかしながら、その思惑は的外れかもしれない。

中国にも公的年金制度はあるのだが、十分な基礎体力を持っているとは言い難い。たとえば、その1つである都市職工基本年金保険基金は、2035年を迎える前に残高がマイナスに転じる見込みが出されている。

1979年に始まった一人っ子政策によって、1人の子供に2人の親がいて、さらにお互いの祖父母がいて、子供1人が6人を背負っている計算だ。中国人の資産の約70％は不動産で、その頼みの不動産もバブルが弾けて資産価値が激減している。

このような状況で、高齢者の消費総額が予測通りに拡大するかであるが、大きな疑問符をつけざるをえない。

中国老齢科学研究センターも国家の機関である以上、悲観的な見通しを発表するわけにはいかない（そういう統制国家の機関が発表したデータや分析はまともに受け取るべきではない）と、リテラシーをもって受け止めた方がいいだろう。

「一人っ子政策」により、「結婚できない男性」があふれる

さらに忘れてはいけないのが、一人っ子政策によって大量の男性が生まれたことだ。

理由はさまざまだが、一般的には一人っ子なら男の子がほしいということで、間引き

があったという話もある。はたまた出生前に性別が判明した時点で中絶が行なわれたとも言われる。

その結果、中国は男性の数が多い。

現在の予測では、3000万人の男性が結婚できないと言われている。実際、中国で結婚する場合、男性側が女性側に莫大な金員（結納金のようなもの）を贈ることが通常だ。

それだけ嫁不足が深刻なことから、中国が支援するアフリカ諸国で中国の男性と現地の女性が結ばれて子供ができるパターンが増えている。「豊かな中国人男性はアフリカ人女性のあいだで憧れの的」という報道が日本でされたこともあった。

こうしたいびつな人口構造を持つ中国の年金制度が、日本のような国民が安心して年齢を重ねられる構造になっているとは、とても考えにくい。

しかも、国内では現在、若年層失業率60％を記録する危機的状況にあり、老人どころか若者にさえ10年後、20年後の明るい見通しなど立たない。

日本のメーカーは中国進出すべきか

中国のシルバー消費の中味として、たとえば成人用の紙オムツなどが最初に頭に浮かんでくるが、花王が撤退しているように、日本企業にとっては手を付けないほうが賢明のようだ。すでに中国製の安売り商品が大量に出回っており、価格競争では勝ち目がない。

豊かな老人層が誕生する見込みは薄いから、価格競争で勝てない日本のメーカーが中国に進出するメリットは限定的と言える。

リスク→チャンス／君子、危うき中国に近寄らず

Column

10年経っても、「粛清の世界」は変わらない

中国の危機は目に見えるかたちで進んでいるが、中国政府はいつもの権力闘争に明け暮れている。

2022年に司法相を務めた傅政華が、収賄罪などで死刑（執行猶予2年）を言い渡された。さらに後任の司法相だった唐一軍も2024年10月に重大な規律違反と法律違反の疑いで党籍剝奪された。

2023年には外交部長（外相）の秦剛が解任された。女性キャスターとの不倫が噂されていたが、政権の中枢の人物が不倫だけで解任というのも信じ難い部分がある。

2024年6月には李尚福前国防相と魏鳳和元国防相の党籍剝奪が公表された。収賄などの疑いとされる。

さらに2024年9月には唐仁健農業農村相が、重大な規律違反や違法行為を行った疑いで解任された。

こうした一連のスキャンダルについて、習近平は「反汚職」を謳っているが、誰が信じるだろうか。いつもと同じく、習近平にとって不都合な人物が粛清されているだけのことだ。

政敵を消すために汚職を利用するのが中国的な解決法。そもそも汚職していないほうが珍しく、習近平に嫌われた者だけが粛清の対象となる。

矛盾するようだが、そもそも汚職しなければ権力への階段を上がれないのが中国社会。上司に付け届けしなかったら、上に上がれず、付け届けするためには、下から吸い上げなければならない。

誤解を恐れずに書けば、汚職はみかじめ料や上納金の類と同じ。地方政府にトップがいて、それが地方の親分になる構造はギャング組織そのものである。

出世するには、付け届けを中央にしなければならず、そのために何らかの方法で集金しなければならない。中国はいまだにそういうレベルの国であることを認識しないといけない。

Column

世界と経済が学べるオススメ映画③

『1950 鋼の第7中隊』

（2021年 陳凱歌、徐克、林超賢監督）

中国の台湾侵攻が現実的な脅威として語られ、遠くない将来、米中の軍事衝突が懸念される。もっとも両国は過去に事実上、直接対決している。

1950年に始まった朝鮮戦争で、アメリカ軍を中心とする国連軍に対して中国は人民解放軍を朝鮮半島に送り込んだ。ただし、アメリカとの全面戦争をおそれ、義勇軍（中国人民志願軍）として派遣することとした。

本作は1950年11月27日から12月11日にかけて行なわれた長津湖（北朝鮮の咸鏡南道）の戦いを舞台に国連軍と中国人民志願軍、すなわち実質上、米中両軍の初めての激突を描いている。

中国共産党結党100周年を記念して撮られ、製作費は13億元（約260億円）、人民解放軍兵士がエキストラとして参加、その数は7万人に達したと言われる。中国映画史上最高の57億元（約1140億円）を超える興行収入という大ヒットとなった。

昨今の中国映画は製作費ではハリウッドを凌駕する勢いで、本作も全編ロケを敢行、戦闘シーンは特撮技術も駆使して迫力あるものとなっている。中国人民志願軍を勇敢な英雄として描き、国連軍は陰湿で卑怯な存在と、徹底的な悪役として描いている。

実際の戦闘では、中国側は2万人近い戦死者を出したうえ、極度の寒さで死亡するなど兵力の損耗は5万人~8万人とされる。国連軍側は戦死者4385人、凍死者は7388人だった。

ただし、この戦いの前には平壌も陥落させて優勢だった国連軍は、長津湖の戦いから後退を余儀なくされ、一時はソウルを放棄するまで追い詰められた。朝鮮戦争を考えるうえでは、仁川上陸作戦とともに戦況を大きく変化させたターニングポイントとされている。

映画を「批評」したら逮捕

本作は中国の愛国精神を著しく刺激するように描かれており、その意味では低予算で荒唐無稽な抗日映画の流れを受け継いでいるとも考えられる。

公開後はさまざまな意見がネットに飛び交ったが、中国ではその多くが削除された。元編集者の羅昌平氏も同様に意見を微博（ウェイボー）上に投稿したが、中国の兵士を侮辱したという理由で起訴された。判決は懲役7か月の実刑で、さらに官製メディア上での謝罪も命じられている。

投稿は「〝半個世紀之後國人少有反思這場戰爭的正義性，就像當年的沙雕連不會懷疑上峰的〝英明決策〟。〟」という部分が問題視された。

直訳すると「半世紀が過ぎた後も、国民はこの戦争の正義性についてほとんど反省していない。まるで当時の『沙雕連』（愚かな軍隊）が上層部の『英明な決断』を疑うことがなかったように」となる。

この「沙雕連」の沙雕とはネットスラングで愚かで無知という意味。本来、長津湖で戦い、凍死しながら陣地を守った中国人民志願軍を「氷雕連」（氷の彫刻の軍隊）と賞賛を含めて呼称するが、その「氷雕連（bīng diāo lián）」を、音韻が似ていることから「沙雕連（shā diāo lián）」と嘲って表現した。

日本なら炎上程度で済みそうだが、中国の裁判所は日本ほど寛容ではなく、投稿者を刑務所に放り込んだ。

昨今の中国政府、中国共産党の愛国精神の強制は目に見えて強化されており、国民の言論の自由は大きな制約を受けている。そのような社会状況を前提に映画を見ると、中国共産党のやろうとしていることが見えてくる。

なお、本作は韓国では市民団体の反発で上映中止に追い込まれ、マレーシアでは同国が禁止する共産主義のプロモーションにあたるとして上映禁止とされた。

第4章

ここを買うべし!
3年後に伸びる日本企業、沈む日本企業

リスク28 変化なき産業構造

製造業、商社、金融のレジェンドが日本経済を牽引し続ける

本章からいよいよ、日本経済の今、未来について触れていこう。ビジネスはもちろん、投資するうえでも欠かせない情報ばかりだ。まずは大きな視点で分析を試みる。

株式時価総額が10兆円を超える日本企業が、2024年10月7日現在で19社となり、過去最多を記録した。

1位はトヨタ自動車の52兆4000億円で、続いて三菱UFJFG、以下ソニーグループ、日立製作所、キーエンス、ファーストリテイリング、リクルートHD、NTT、三菱商事、ソフトバンクグループまでがトップ10を形成している。

顔ぶれを見れば、伝統ある企業がかなり頑張っていることに気付く。

製造業を中心とした旧財閥系企業が多く、NTTのような旧国策企業、東京エレクトロンなど半導体関連も入っている。

アメリカのトップと比較すると、その違いがはっきりわかる。アメリカは1位から順にアップル、エヌビディア、マイクロソフト、アルファベット、アマゾン、メタと続くようにIT関連が上位を占めている。

この違いは〝お国柄〟によるものだろう。

日本の上位は基本的にモノづくり、実体経済と表裏一体の企業が占め、対照的にアメリカの上位はほとんどファブレス（工場を所有せずに製造業を行なう企業）で、実質、販売会社、設計会社だ。アップルやエヌビディアなどが高い技術を有しているのは間違いないが、ほぼ知的財産のみで実態の見えにくい会社と言っていい。

アメリカは1980年代に日本との競争に勝てず、実際のモノづくりをほとんど放棄してしまった。自動車のビッグスリー（GM、フォード、クライスラー）も例外ではなく、結果的に海外移転せざるをえなくなった。アメリカで車を作っているのはトヨタなどの日本企業というのが現状だ。

日本人に染み付いた「ハード優先の思考」

令和の日本において優勢を誇っているのは、製造業と商社、金融である。

日本では、かつての経済発展を支えた大企業が今も大きな影響力を有しており、基本的な社会構造がバブル前から変化していないことがうかがえる。「実体のあるもの」を作ることが尊重されると言ってもいい。

Ｗｉｎｄｏｗｓ95が爆発的な人気を博した頃、初めてパソコンを手にした人びとはＷｉｎｄｏｗｓ95を使うためにはＮＥＣやシャープ、富士通のパソコンを買わなければいけないことを知った。

その時、「日本のトップメーカーがアメリカのソフトを入れてパソコンを売るサービスを始めたんだな」という認識を持った人は少なくないだろう。これは、「(目に見える）ハード優先の思考」と言える。

しかし、パソコンが普及するにしたがい、ハードはソフトを活用するためのものに過ぎず、ソフトがなければただの箱であることに気付く。

アメリカはいち早くソフト優先の思考に切り替え、ファブレスの大企業が次々と台頭したが、日本は基本的にはハード優先の社会が続いていると言えるのかもしれない。それが良い悪いの話ではなく、あえて言えば得手不得手の話だ。


そのうえで、日本の経済界では、いまだに財閥の存在感が色濃く残る。

三井グループであれば二木会《にもく》といって、毎月第2木曜日にグループ企業の社長が集まっている。その直下に、シンクタンク三井業際研究所を有する。グループ間での情報のやり取りや、グループ間でのモノづくりの協力が行なわれやすい体制が整っているわけだ。

三菱グループにも三菱金曜会がある。こちらは毎月第2金曜日に三菱グループの中核となる27社の会長・社長が集まっての懇談昼食会が開かれる。

御三家と言われる三菱重工業、三菱商事、三菱UFJ銀行がトップに君臨し、さらに主要10社（三菱地所、三菱電機ほか）を加えた世話人会があり、そこに主要14社（三菱自動車、ニコン、ENEOSほか）を加えた合計27社で組織されている。銀行も含めた旧財閥構造がまだそれなりに生きていて、それがモノづくりに活かされている。

三井・三菱ともに閉鎖的で権威的、保守的と感じられるグループだ。こうした体制自体が、世界的に見て特異でしばしば批判の種にはなるものの、かえって日本の強みにもなっている。

独裁国家や新興国、強権的な中国も、利権でつながる閉鎖的な企業社会だから、財閥グループと同様ではないかと考える人もいるかもしれないが、そういった国々では大企業のトップも世襲制になってしまい、新陳代謝が図れない。

しかし日本の場合は、トヨタを例にするまでもなく、大企業の会長は創業者一族ではあるものの支配株主ではないケースが多い。会社法の規定に則ってトップが選出されるという意味で社内の権力構造は民主的であり、現存する財閥構造は社会の安定のためにも一定の役割を果たしている。

例外的存在はソニーである。モノづくりの会社としてスタートし、今でもレーザーエッチング装置を開発するなどその伝統は生きているものの、会社全体としてはアメリカ型の大会社であるファブレスの方向へと進んでいる。

こうした大企業グループが日本の株価を支えているという実体をまずは頭に入れておいてほしい。

リスク→チャンス／大手企業の良し悪しを知ったうえで、投資すること

リスク29 旧来の大企業

日本でユニコーン企業は生まれない

閉鎖的な日本の権力構造が、ユニコーン企業（設立10年以内、企業評価額が10億ドル以上の非上場テクノロジー企業）を生まれにくくしているのは確かである。

２０２２年に岸田文雄政権が、「スタートアップ育成５か年計画」でユニコーン企業１００社創出を政策に掲げた。

前項で述べたように、旧来の大企業が21世紀の今もトップに君臨する日本の状況は社会の安定に直結する。そこにアメリカ型の大企業を誕生させて日本経済全体を活性化させるのが岸田首相（当時）の考え方だったのだろう。

だが、ユニコーン企業は、「バイオベンチャー」「ＡＩベンチャー」など、伝統的な日本企業になじみにくい業種業態が多々あり、当然のことながら、研究開発や経営に失敗して消滅するケースも多い。

世界のユニコーン企業のトップ５を見ると、１位バイトダンス（中国）、２位スペース

X（アメリカ）、3位オープンＡＩ（アメリカ）、4位アントグループ（中国）、5位シーイン（中国）となっており、カテゴリーは順にソーシャルメディア、宇宙産業、ＡＩ、フィンテック、イーコマースとなっている。

日本企業の多くはモノづくりに特化しており、ソフトウェアが弱い。一方、ユニコーン企業と言われるような会社は、動画共有サービスＴｉｋＴｏｋを提供するバイトダンスに代表されるように、いわゆるモノづくりの会社ではない。

残念ながら現状では、ユニコーン企業が日本経済を脅かす存在になる可能性は低い。日本のユニコーン企業が、実際のモノづくりに食い込む余地はほとんどないからである。巨大な資本投下と何十年も積み重ねたノウハウが必要なモノづくりは、一朝一夕にはできない。

何度も言うように、日本が得意なのは実際のハードウェア、モノづくりであって、ソフトウェア部分は職人気質の日本人には合わないのだ。

48ページでも述べたが、日本人は「完成品」至上主義を貫いている。欠陥がある品物を消費者に届けたらクレームの嵐で、会社の信用そのものに関わる。

しかし、アプリケーションは、作りながら走りながらアップデートしていく。こういう商法を日本人は受け入れない。

逆に言えば、日本で成功すれば、世界中どこでもやっていける。

ユニコーン企業が日本でなかなか誕生しなかったのは、そうした事情もあったように思う。

スタートアップ育成については、完全に米中に置いていかれているが、岸田政権の〝遺産〟によって、どこまで米中を追撃できるか、日本人のクリエイティビティやパッションが試されるときである。

リスク→チャンス／モノづくりスピリットはまだまだ世界で闘える

リスク30 カリスマ社長不在

独裁・世襲のない企業が多い日本

日本企業の社長は、いわゆる独裁者のような絶対的な権限は持たず、その地位は世襲でもない。

そうしたことが多くの場合、無責任体制につながっているから、日本的な経営は悪い、成長力を阻害するなどと否定的に捉える人もいるのだが、そんなことはない。

日本には1000年以上続いている会社が9社もある。世界で12社しかないうちの9社を日本が占めているのだ。

なぜ、こんなにも長く継続が可能だったのか。

あくまでもその回答の一つでしかないが、社長が欠けた時でも、すぐに後継者が決まって正常に運営が行なわれるシステムの存在が大きいだろう。

今の日本では、大企業の社長はオーナーやその一族ではない。優秀な社員が役員になり、その中から任命される場合がほとんどである。昭和風に言えば「雇われマダム」のパターンが多い。それがいいのだ。

ソフトバンクや楽天のような例外もあるが、ご存知の通り両社とも創業者のカリスマ性に頼っていて、その判断が盛衰の鍵を握っている。したがって、この2社にとっての一番の不安材料は創業者が欠けることである。誰が後継者になり、誰が物事を決めるのかをめぐり、かなり混乱が生じることが予想される。

そのような会社では、カリスマ性のあるトップを失うことは、会社の存続すら危うくさせるのだ。

リスク→チャンス／「叩き上げ人材」が社長に抜擢された企業は長持ち

リスク31 中国への技術漏洩

中国が迫る情報開示は日本企業の死活問題

今でも企業価値の高い日本の製造業大手は、今後も成長を続けるだろう。

前章でも触れたように、日本の大手製造業が中国から撤退を始めており、製造業の国内回帰が進んでいる。これはもう、世界的なトレンドである。日本ではそれに伴って、重工業を中心とした従来型産業の見直しが確実に行なわれるだろう。

中国に依存していたモノづくりを、アメリカ、日本などの西側各国が自国および同盟国内に戻そうという動きが本格化していくはずだ。

中国政府は、中国国内にある企業の全ての情報の開示を求めている。じつは、その点も日本企業が中国から撤退する要因となっていた。

戦後79年の時を経て蘇った秘密特許制度

すべての情報開示を受け入れるとすれば、技術上のことまで中国当局の目に晒されることとなる。海外への技術流出は企業にとって死活問題であるから、おいそれと要求に従う企業はない。もちろん日本側も、手をこまねいているつもりはない。

2024年5月1日、日本で秘密特許制度（特許出願非公開制度）が開始されたのを知っている人はどれだけいるだろうか。

この制度は、「特許出願の明細書等に、公にすることにより外部から行われる行為によって国家及び国民の安全を損なう事態を生ずるおそれが大きい発明が記載されていた場合には、『保全指定』という手続により、出願公開、特許査定及び拒絶査定といった特許手続を留保する」（特許庁HPから）というもの。

通常、特許出願は出願日から18か月経過した際には出願公開が決められており（特許法64条）、安全保障上、重要な発明で公にすべきではないものも、出願した段階で1年半経過すれば公になってしまうという問題があった。

特許出願によって国家の安全保障が揺らぐのを防ぐ目的で、戦前に存在した日本の秘密特許制度であるが、GHQの介入などによって日本の技術は全て開示され、表に見えるような形でしか保管できない状況にあった。だが、戦後79年を経て、ようやく技術的な機密を守ったまま特許を維持することができるようになった。

保全指定の期間は事案によって異なるが、期間中は1年ごとに保全指定の継続の必要性が検討され、継続の必要性がなくなれば保全指定が終了する。要するに、科学技術の発展によって、もはや隠す必要がなくなったら公開していいという仕組みだ。

ちなみに、根拠法令は経済安全保障推進法である。

保全指定される特定技術分野とは「公にすることにより外部から行なわれる行為によって国家及び国民の安全を損なうおそれが大きい発明が含まれ得る技術の分野……」(同法66条1項)で、具体的には「航空機等の偽装、隠ぺい技術やウラン・プルトニウムの同位体分離技術など合計25の技術分野」(経済安全保障推進法の特許出願の非公開に関する制度のQ&A)とされる。

また、国内で公になっていないものが特定技術分野の発明であれば、その発明を国内より先に外国で出願することが禁止される（同法78条1項）。

この法令が施行されたことで、中国で日本企業の情報をすべて公開するように求められても、日本の国内法で禁止されているから公開できないということになった。次の段階では、特許にかかわる企業の秘密が守られるという事案も出てくるかもしれない。

日本製の部品がないと半導体は作れない

では、具体的にどういった分野の特許を守る必要があるのか。

最重要なのは、ガソリンなどを燃焼させる内燃系の技術である。世界のロケットや飛行機はキーパーツの多くを日本に依存している。エンジンメーカーのロールスロイス、ホイットニー、ＣＦＲは、日本製の部品がないと成り立たないだろう。

さらに、日本が取り組むべきことは、オンリージャパン技術の維持と発展支援だ。さまざまな分野にわたる「日本でしか作れないもの」をキーパーツとして保護する国策を遂行し、それを戦略基礎物資に変えていく。

たとえば、半導体の高品質シリコンウエハーの世界シェアは、信越化学が31・3%、SUMUCO（サムコ）が23・2%と、2社で50%を超えている（2020年）。

ほかにも半導体に使うフォトレジスト（感光体）は、高品位になると100%日本シェアとなっている。韓国では日本からのフォトレジストが停止した時点で、半導体の生産が止まってしまう。

こうした戦略基礎物資を確保し、その技術が海外に漏れないように担保することは、21世紀の日本そして世界経済にとってまさに生命線になる。

中国から大型製造業の撤退が進んでいるが、中小の下請けもそれに伴って中国から脱出を始めるだろう。中小企業の持つ技術の中にも多くのオンリージャパンが含まれているものと思われ、それらを国家として保護していく必要がある。

リスク→チャンス／オンリージャパンが日本経済を押し上げる

リスク32 誤ったEV戦略

日本の自動車産業のXデーは2035年に到来する

日本企業の時価総額No.1はトヨタ自動車である。

とはいえ日本の自動車産業の前途は洋々ではない。

EV化の流れに乗ろうとしたことが、間違いの元だった。

2021年1月、当時の菅義偉総理は施政方針演説で「2035年までに新車販売でEV100%実現」を宣言した。それから4年近く経過した現在では、「EV市場にオールインしても価格競争に巻き込まれるだけでメリットはほとんどない」と考えられている。

トヨタは2035年までに、新車すべてをEVか燃料電池車（FCV）とする方針を決めている。ホンダは、2040年までに世界で販売する新車すべてをEVかFCVとする。日産も、世界で販売する車種の55％以上をＥＶかＦＣＶとすると発表した。

世界的に見れば日本はＥＶ化が遅れているが、ＦＣＶとの併用を考えている部分はまだ救いがあるのかもしれない。

欧米がＥＶ撤退を宣言

では、世界の自動車産業の潮流はどうだろうか。

アメリカでは、プラグインハイブリッド（ＰＨＥＶ）のほうがＥＶより売上が伸びている。ＰＨＥＶとは、スタンドなどで外部から充電できるハイブリッド車のことで、エンジンとモーターの双方を搭載し、電池が少なくなるとエンジンが始動し、走行中に発電できるためにバッテリーに電気を溜められる。

ちなみに、ＰＨＥＶはトヨタならプリウス、三菱はアウトランダー、マツダはＣＸ－60などが販売されている。

ヨーロッパでもメルセデス・ベンツは２０２１年７月に、２０３０年までにすべての新車をＥＶにすると高々と宣言したものの、わずか２年７か月後の２０２４年２月22日、計画を撤回した。同時に２０２５年に新車販売の５割がＥＶとＰＨＥＶになるという見通しの修正も明らかにしている。

メルセデス・ベンツはとくにＥＶに力を入れてきた企業だが、その計画撤回も早かった。

フランスのルノーも、ＥＶ新会社のＡｍｐｅｒｅ（アンペア）の新規株式公開を中止。アメリカも似たような状況で、ＧＭ、フォードはピックアップトラックのＥＶの発売延期などを決めている。

もはやＥＶにしがみつく時代ではない。ＦＣＶ、ＰＨＥＶ、水素自動車など、環境への負荷が少ない自動車も多く、選択肢を誤らないことが肝要だ。

リスク↓チャンス／日本ではＦＣＶの併用がカギか

リスク33 交通インフラの整備

東海道新幹線のリフレッシュ工事が急がれる

リニア中央新幹線整備は2027年開業を断念して、2034年以降になることがJR東海から発表された。

大井川の流量減少などの懸念から、静岡県の川勝平太知事（当時）が南アルプストンネルの着工を認めなかったため、計画遅延を余儀なくされた。

川勝知事から代った鈴木康友知事は、当選後のインタビューで川勝路線の継承ではないと明言し、その後もJR東海や自治体との会合を積極的に行っている。可能な限り早い完成を期待したいところだ。

リニア中央新幹線は必ず実現させなければならない。

東京から名古屋、大阪へと続く東海道は日本の動脈であり、インフラの多重化はこれからの時代不可欠である。リニア中央新幹線で二重化することによって、現在の東海道新幹線の大規模なリフレッシュ工事も可能になる。

東海道新幹線が開業したのは1964年の東京オリンピック直前で、すでに60年経っている。大規模改修が必要になっているのだが、東西を渡るための足を止めるわけにもいかず実現には至っていない。

東海道新幹線に限らず、戦後につくられたあらゆるインフラが老朽化してきており、更新の時を迎えている。南海トラフ巨大地震のリスクも想定し、災害に強いレジリエンス化を迅速に進めなくはならない。

コンパクトシティのあるべき姿

規模の拡大や効率化だけを目的とせず、人口形態やさまざまな生活形態の変化に合わせてインフラ改修を進めていくべきだ。

新幹線が開業すると、「何のためにこの駅に停めるのか?」という声が必ずあがる。東海道新幹線の岐阜羽島《ぎふはしま》駅は利権がからむ「政治駅」の象徴のように言われている（真実は必ずしも政治的なものではないとする説も有力）。

公共交通機関の整備は、土木工学的な難しい部分と社会的な問題をセットで考えなくてはいけない。

個人の権利や平等原則など憲法上の問題も孕《はら》むだけに、簡単に廃止・廃業できるものではないからである。

極端な例だが、過疎化が進み、人口10人程度しかいない限界集落だからといって、採算が合わないことを理由に路線バスの運行をやめたら、住民の移動手段を奪うことになりかねない。

高齢者ばかりで自家用車も運転できない、最も近いスーパーは自動車で30分かかるため、タクシーを利用すれば買い物の値段と同じ程度の金額がかかってしまうという場合には行政としてはバス会社への補助を強化して路線を維持してもらうことで住民の生活を守る必要があるだろう。

同様のケースが増えるに伴い、都市部に近く、比較的インフラの充実した地域に移り住んでもらうためのコンパクトシティの構想が生まれている。

同時に、人口減少社会になっても過密状態が解消されない地域（東京などの大都市）を結ぶ交通機関に関しては、二重化していかなくてはいけない。

これは一つの考え方だが、地域に合ったインフラ整備とはこういったかたちで進めていくものだ。次項ではさらに詳しく述べる。

リスク→チャンス／リニア中央新幹線がきっかけで、東海道のインフラ改革が起きる

リスク34 過疎化　約8000万人の国家モデルを考えよ

パリ五輪で話題になったが、セーヌ川が汚いのは下水道システムの古さによる。雨水も汚水も一緒に処理するため、雨水が多いと下水道が溢れ、汚水とともに川に流れ込んでしまう。凸凹で歩きにくい石畳も文化財になっているので壊せない。まさにレガシーの弊害である。

だがこれは日本にも言えることだ。

日本において都市開発が進まない理由を考えたことがあるだろうか。

あくまで筆者の見解だが、日本は戦争で各都市が焼け野原になり、そのことで真っ白な地図に自由に図面を描くことができた。それが戦後80年、幸か不幸か戦争がなく、国土が白地図にならないため、なかなか更新できないのではないか。

中国の都市の発展が著しく早かったのは、中国共産党の独裁体制の下、個人の人権を無視し、戦争がなくても都市を白地図化するのが容易だったからである。そうは言っても、中国方式を日本が採用するわけにはいかない。

日本で考えるなら、文化的価値を維持しながら時代に合った機能を有する形に変えていくことだ。古い建物の外観だけ残して内部をリノベーションすれば、レガシーは維持できる。

必要な人口、最低限の都市計画を維持できなくなる限界集落に関しては、やはり集落移転を含めた改革が必要になるだろう。

そもそも限界集落の定義は、過疎化・少子高齢化が進み、人口の50％以上が65歳以上を占める集落のことで、やがて消滅集落に至るものと見られる。

語弊を恐れずに言えば、住人に不便な生活を強いて、消滅を待って全てを廃止するのではなく、コンパクトシティをつくってそこに移ってもらうほうが、住人にとっても生活しやすく、有意義な人生を送れるのではないだろうか。

日本の国民こそが「国の宝」

要するに、日本は人口の減少に合わせた都市なり国家モデルを作ればいい。

従業員100人で1億円の利益を出す会社もあれば、従業員1万人で赤字の会社もある。人口が減れば経済状況が悪化するとは必ずしも言えず、1人当たりの生産性を上げれば悪化を防げるはずだ。

日本の人口構造を見れば、明治維新（1868年）時で3300万人、終戦（1945年）時で7200万人だった人口が、21世紀の今は1億2000万人以上になっている。7200万人でも国を維持できたことを忘れるべきではない。

どうやったら豊かな日本が維持できるかを前提として、その人口モデルやサービスモデルなどを考えていく必要がある。

1億2000万人の都市設計のまま約8000万人が住むとなれば、当然、負担が増えるだけ。政治家はなかなか言いにくいことであるが、そのあたりは腹をくくらないといけない。

当時の岸田首相にはそうした考えはなく、外国人の受け入れで人口を維持し、その人口で設計されている経済システムのまま日本という国を守ろうとしたのだと思う。そうでなければ留学生を「国の宝」と呼ぶとは思えない。

本当の国の宝は日本国民であることを、根本的に理解していなかった証左である。これでは、日本の国力は一向に増していかないだろう。

リスク→チャンス／身の丈に合った公共事業の拡大がベスト

リスク35 知財全盛の時代

ソニーのような「ソフトパワー」がなければ失敗する

リスク28で、ソニーは他の日本のトップ企業とは一味違った存在と書いたが、その点をもう少し深掘りしよう。

ソニーの売上は2022年度、2023年度の2年連続で過去最高を更新、2023年の営業利益は1兆2088億円という好業績である。

好調の原因はソフトやコンテンツの輸出による高収益で、今後の見通しも明るい。

ソニーは昔から日本の会社らしくないところが魅力で、もともと外資比率が高かった。2024年3月時点での株式の保有割合は外国法人等が個人・個人以外を含め58・59％と6割近くを占めている。それが他の製造業の大手とは異なる企業文化、企業風土を生み出す原動力になっているのかもしれない。

現在のソニーは電機会社から総合会社に変貌しており、グループとしては、ソニー銀行などさまざまな「ソニー」の看板を掲げたコンテンツやサービス業関連が大きくなっている。

会社が保有する不動産や土地だけではなく、会社のソフトパワーを裏付けるコンテンツも重要な資産であるという概念を、他の企業は見習うべきであろう。

「知財」という言葉があるように「知的財産権」が重要だ。〝96歳の世界的に有名なネズミ〟が、今でも莫大な富を関係会社にもたらしていることを思えば、そのパワーの凄まじさの一端を理解できるだろう。

ソニーにあって、パナソニックに欠けていたこと

ソニーがソフトパワーで成功したのを見て、パナソニックも二匹目のドジョウを狙ったが、うまくいかなかった。

１９９０年にハリウッドのメジャースタジオのユニバーサル（当時ＭＣＡ）を61億ドル（当時のレートで約７８００億円）で買収したが結局は、その5年後の１９９５年に80％の株

式を手放し、２００６年には残り20％を売却と、完全に失敗に終わった。

ソニーが成功してパナソニックが失敗したのは、前者にはゲーム事業の基盤があり、後者にはなかったことが影響している。

任天堂とソニーはゲーム関連事業があり、そのコンテンツ周りの販売が非常にたくみで、ゲームがあることによって知財部門が充実した。知的財産権の保護のための専門チームがしっかりある、そのような組織があることで、会社としても知財の、ひいてはソフトの重要性を認識し共有できたという側面もあるように思う。

ソニーの成功に学んだとは限らないが、ソフトコンテンツをうまく活用する企業が増えている。もっともこうした方法は芸能人を使った文房具や、人気キャラを利用するパチンコなど、昔から使われている手法ではあった。今はそれを遥かに大きな市場の中でビジネスライクに行なっている。

たとえば、日本生まれのキャラクターではキティちゃんが有名だが、キティちゃんは「仕事を選ばない」ことでも知られている。

以前、筆者がサンリオの社長に「キティちゃんはなぜ仕事を選ばないのですか？」と聞くと、「仕事を選ばないわけではない。全ての仕事を取っているんだ」と答えたのをよく覚えている。今から思えばキャラクタービジネス、ソフトコンテンツの時代を象徴するような話だった。

リスク→チャンス／「キティちゃんに続け！」コンテンツ力が企業を支える

リスク36 地方銀行の行方　信金を含め10以下に統廃合される

日本の銀行業界トップのMUFG（三菱UFJフィナンシャルグループ）は、2025年3月期の連結純利益予想で、前期比0・6％増の1兆5000億円と発表した（2024年5月15日）。2期連続の最高益更新となる見通しで、好業績が続いている。

好業績を支える要因として、2024年3月の日銀のマイナス金利政策解除による、金利上昇の追い風があったのは確かだろう。同行では2027年3月期営業純益を2兆1000億円以上と計画しており、日本最大のメガバンクは今後も順調に利益を伸ばしていくのは確実である。

メガバンクが好調なのに対して、地方銀行の先行きは見通せない。

SBIHDは2019年以降、「地銀連合」構想を掲げて地銀9行と資本業務提携を結び、提携先に次世代バンキングシステムを売り出している。一般の消費者に向けて、金融サービス全般を提供する金融機関に変容してきている。

たとえばスマホ決済、クレジットカード、そういったさまざまな決済サービスを提供すると同時に、送金等に関しても電子送金に切り替える。銀行のＡＴＭもどんどん集約されており、逆にコンビニとの連携を進めている。キャッシュレス化が社会全体で進んでいく中で、銀行の役割とあり方が大きく変わりつつある。

かつての銀行の姿は消えていく

実際のところ、銀行に行く回数は極端に減っているはずだ。

たとえば、家賃などの振り込み、ＡＴＭでの引き出しあるいは預け入れで訪れていたものが、今は自動引き落としか電子送金で済む。ＡＴＭはコンビニで、あるいは現金はほとんど下ろさず電子決済となると、ＡＴＭそのものを利用しなくなる。こうして銀行に行く機会がほとんどなくなってしまう。

金融の自由化で銀行もリスクのある金融商品を扱っているから、投資の相談や電子送金の限度額を超える場合の振り込みで訪れるぐらいか。

顧客のライフスタイルの変化によって、事業のあり方も変化していくのは当たり前のことだ。その結果、多くの銀行で支店を閉鎖している。支店があって、窓口があってといった銀行のイメージは過去のものになりつつある。

銀行という枠組みが消え、総合金融サービスの提供会社に変わってきた。ＳＢＩの地銀向けシステムはそれに合わせたものだ。次世代の波に乗り遅れた地銀は、経営状況が危うくなってしまう。

２０２４年3月期決算では、全国の地銀99行のうち8行が赤字になり、33行が前期比で本業利益が減益になっている。一部では合併の話も進み、店舗の統廃合によって経費削減を図るなど生き残りにもがく姿が見られる。今後は信金バンクを含め、６つか７つの系列のシステムに統廃合されていくものと思われる。

リスク↓チャンス／時代に合わせて事業体を変化させた銀行だけが生き残る

リスク37　コンビニ業界の淘汰

「セブン‐イレブン1強時代」は終焉か

最近はATM設置で銀行の代わりも果たすコンビニ業界だが、今後は淘汰が進む可能性がある。

業界に対する一般的な認識としてはセブン‐イレブン、ローソン、ファミリーマートの3強＋JR東日本クロスステーションというものだろう。しかし、2022‐2023年の売上高で比較すると、その比率は概ね40：4：2：1となり、セブン‐イレブン1強と「その他」という規模感である。

そのセブン‐イレブン（セブン＆アイHD）にカナダの大手アリマンタシォン・クシュタール（ACT）が2024年9月に約6兆円で買収を持ちかけたことは大きな話題となった。

ACTの目的は食品事業の強化を図ることや、セブン＆アイHDが有するアメリカでの事業（コンビニのスピードウェイ）と報じられている。とはいえ、ACTの2024年4月期の売り上げは約692億ドル（約10兆円）、対するセブン&アイHDは約11兆4700億円である。

これだけ見ると、短い蛇が自分より長い蛇を飲み込もうとしている構図に映るが、企業の時価総額でセブン&アイHDは見劣りするため、割安感があると思われたのだろう。イトーヨーカドーの経営不振が響いて、グループ全体の業績が改善されていないのも理由の一つだ。

セブン&アイHDは9月の打診に動かず、ACTは10月、買収額7兆円で新たな買収提案を行った。

これを受けて、セブン&アイHDはグループの再編計画を発表した。もともとの母体である「イトーヨーカ堂」などコンビニ以外の事業を分離し、中間持ち株会社の傘下に置くというもの。同社では企業価値を上げるための手段としている。

この買収は経済安全保障にも関わるため、政府の事前審査で「経済安全保障上のリスク」と判断されれば買収中止が命じられる可能性があり、予断を許さない。

他社を見てみると、ＫＤＤＩがローソン株式の公開買い付けを実施して、コンビニの経営に参画することになり話題になった。

直接的な決済サービスを有していなかったローソンでＫＤＤＩのスマホ決済ａｕＰＡＹを使い、店頭でもＫＤＤＩのオンライン専用ブランドを使ってデータ容量をチャージできるようにするなど、データビジネスを展開する。

そもそもコンビニの3強は、バックに大手商社がついている。

ローソン＝三菱商事、セブン－イレブン＝三井物産、ファミリーマート＝伊藤忠商事。三大商社が背後にいて、そこに当然メガバンクが貼りつく。

コンビニは食品や生活必需品を扱う店舗にとどまらず、金融機関、チケット販売などの役割を果たし、生活に不可欠なものとなっている。

三菱商事・ＫＤＤＩ・ローソンはさらに、ＡＩ・ＤＸ技術を活用して商品情報提供の充実や生活インフラの相談ができるリモート接客ブースの設置を行い、防災や交通でも自治体と連携する「未来のコンビニ」をめざすとしている。

消費の最前線として重要性を増す業種に大手資本が進出してくるのは当然。かつては乱立状態であったことによって収益率が減り、コンビニ業界もデフレが長引いたことによって収益率が減り、規模のメリットがあるところが勝ち残っていきそうだ。

7つか8つあった7つか8つあったコンビニチェーンも大体、前述のビッグ3に収斂《しゅうれん》されていく流れだ。航空会社も似たようなもので、最終的に概ね3社程度の寡占状態になる。「大きい2社＋少し大きい1社」いう形になるのがお決まりの構図。独禁法に抵触するような寡占状態は好ましくないが、合法な範囲で寡占が進み、ユーザーの安全性、利便性が増すのなら歓迎すべき話ではある。

統廃合が進んでいく過程で寡占化も進展し、寡占化の完了で安定期に入る。コンビニも、その構図が見えてきており、そこにセブン－イレブンを狙う外資というジョーカーが降りてきたというところだろう。

リスク→チャンス／業界ごとに「大きい2社＋少し大きい1社」はどこか？

リスク38 通信業界の再編

臨界点を迎えた楽天

ＫＤＤＩの話が出たところで、通信業界についても触れておく。

ネガティブな報道が絶えない楽天だが、２０２３年12月期決算ではグループの純損失が３３９４億円だった。携帯電話事業の営業損益は３３７５億円の赤字だった。

携帯電話事業には1兆円を超える金額を投じてきたわけだから、進むも地獄、引くも地獄という状態に陥っている。

前項では最終的に多くの市場が3社程度の寡占状態になるという話をした。

携帯電話事業にはすでにドコモ、ＫＤＤＩ、ソフトバンクの3社がそろっており、そこに割って入るのは容易ではない。

楽天は最終的には淘汰され、スピンアウトして会社を分解するか、どこかに吸収してもらうしかない。吸収先はＫＤＤＩしかないだろう。

楽天のビジネス手法はソフトバンクとよく似ている。両社とも短期間に資金を投入して顧客を一気に摑む方法をとっている。

最初はタダ同然でモノを配ったり、巨額のポイントをつけたりして顧客を集めて囲い込む。その後、ライバル社を淘汰し、自分のところで独占的に事業を進める手法だ。

キャッシュバーン（資金燃焼率。単位期間あたりに消費する現金の指標）は大きくなるが、ソフトバンクはそれで成功した。楽天の携帯電話事業については、投入資金が巨額すぎて臨界点に来ている。

基地局で1兆円超の投資をしたにもかかわらず、2023年12月末の契約数のシェアは、2・6％しかない。キャッシュバーン戦略が失敗し、三木谷氏がバーンアウトになっていないか心配されるレベルだ。

リスク→チャンス／携帯電話事業の「ビッグ3」は変わらない

リスク39 旅行会社の変容

超高額な海外ツアーしか販売しない

観光業界はインバウンドの復活で盛況だが、日本の旅行会社は難しい立場になっている。

出国日本人数が増えない。コロナ前の2019年は2008万人だったものが、2023年は962万人とコロナ前の半分以下に落ち込んだままだ。

2003年の出国日本人数は1330万人だったから、そもそもこの20年間、日本人の海外旅行客数はそれほど増えていないと言える（数字は日本政府観光局JNTO）。2023年は円安が進み、現地の物価にさらなる割高感が増して、行きたくても行けなかったという事情もある。

今後も成長が期待できない旅行会社は、旅行自体を扱わなくなっている。コロナ禍では新型コロナワクチン接種事務を自治体から受託して、一般の人の唾液を集めて検査に送るなどの業務を行なっていた。

これは特殊なパターンではあるが、今の旅行会社の主な業務は、ほとんどインターネットを介したものだ。旅行の引受航空会社のチケットは、従来は代理店を通じた発券が多かったが、今はほとんど航空会社が直接発券している。

添乗員も、その多くが契約社員と言われており、しかも現地採用が多い。

旅行会社がメインでやっている仕事はリスクマネジメントや、クレジットカードのコンシェルジュサービスなどである。その結果、従来型の旅行会社というイメージではなくてインターネットなどを通じた窓口会社の一つの形態、企業の総合サポートサービス的な業態になっている。

旅行会社のディスカウントチケットもほとんど見かけない。

こうした背景から、たとえば1万9800円のツアーを100人に売るよりも、20万円とか30万円でしっかり利益が取れる商品を1個売ったほうが利益は取れるという姿勢になってきた。売上の多寡ではなく、利益をいかにとるかが重要で、旅行会社はそうした考えで経営を続けている。

エンドユーザー向けのビジネスはほとんどなく、社員が同乗してバス旅行というかつての姿は、今の旅行業界に存在しないと思ったほうがいいだろう。

リスク→チャンス／旅行会社はサポートサービスに移行

リスク40 企業トラブル

「報連相」を徹底できない企業は、遅かれ早かれ滅びる

２０２４年もさまざまな企業の不祥事があったが、国民生活に大きな影響を与えたという点では小林製薬の紅麴関連製品問題が第一だろう。

これは「紅麴コレステヘルプ」「ナイシヘルプ＋コレステロール」「ナットウキナーゼさらさら粒ＧＯＬＤ」ほか関連製品を摂取した人に健康被害が生じた問題である。

工場内の青カビに由来するプベルル酸が原因だったが、自主回収発表まで２ヶ月かかり、関連死者数や供給状況について厚生労働省への報告漏れを何度も起こすなど対応に問題が指摘され、6月28日には5人と公表していた死者数が実は76人と判明し、武見敬三厚労相（当時）は会見で強い不信感を示した。8月にはさらに11件の報告漏れが出て、創業家の小林章浩《あきひろ》前社長の後任として山根聡社長が社内の情報連携不備を謝罪した。

小林製薬は、１８８６年（明治19）に名古屋市で「合名会社小林盛大堂」としてスター

ト、今年で138年目の老舗だ。1世紀以上、国民の健康に貢献してきた会社でもこれほどの惨事を引き起こしたことで、積み上げてきた信用が崩壊した。

100年以上の歴史を有する企業でも、トラブルやその後の対応によって全てを失うことがあるということを経営者はよくよく理解しないといけない。

それを防ぐためには基本に立ち返って「ホウレンソウ（報告・連絡・相談）」を徹底するしかない。

「新入社員じゃあるまいし」と思うなかれ。社内のガバナンスを、遅滞なくホウレンソウできる体制を作っていないことは命取りとなりうる。

小林製薬も企業の経営に重大な影響を与えかねない情報が入ってきた場合に、第三者委員会などに通報が行く「即時通報システム」を構築し、遅滞なく役員会にかけられる仕組みがあれば被害を最小限に抑えられたはず。

ところが、オーナーが「大したことはない」と自己判断をしてしまったために、あれだけの問題になってしまった。

こうした問題が発生した時に、内部での隠蔽を図ろうとするケースは多い。それでたいがい、対応の遅れが生じ、被害が拡大され、社会的な批判・非難の声がさらに大きくなる。

担当者や役員が保身に走れない仕組みを構築していなかったのが小林製薬の最も悪い点だろう。歴史ある会社も、新興の会社も、そうしたシステムを作っておかないと、築き上げた会社を土台から崩してしまいかねない。

会社を大きくすることばかり考えていると、土台からひっくり返ることへの備えが疎かになる。即断即決で物事が動きがちなオーナー企業の経営者はとくに気を付けたい。

リスク→チャンス／隠蔽が行なわれない仕組みを今すぐ構築すべき

Column

世界と経済が学べる オススメ映画④

『スタートアップ・ガールズ』

（2019年 池田千尋監督）

起業を目指す大学生の小松光（ヒカリ、上白石萌音）と、起業家へ投資する企業に勤務する南堀希（ノゾミ、山崎紘菜）のダブル主演。公開時、上白石21歳、山崎25歳、どちらも若々しさ全開の演技は見ていて勢いを感じさせる。

現実の世界でも20代での起業を目指す人は多く、それをサポートする人も20代というのも今の時代では決して珍しくない。

個性的で自由なヒカリと、奨学金の返済をしながら仕事に打ち込むノゾミが衝突を繰り返しながらも、徐々に心を通じ合わせるストーリー。ありきたりといえばありきたりではあるが、ヒカリにやや発達障害が疑われるような行動が多いこと、起業の内容がマッチングアプりなどの現代的な点などに多少のリアリティを感じさせられる。
起業の成果がどうなのかをはっきりと示さず、ストーリー展開に不十分さを感じる部分も少なくないが、まずは今の若者が起業を目指している状況を知り、それをサポートする体制もあるという点を知るだけでも見る価値はあるのかもしれない。

ヒカリの奔放さの負の側面である、思いつきで深く考えずに行動する、1つダメだったら次という集中力の欠如など、社会で認められるためにはビジネスプラン以前の問題と感じる人は少なくないと思うが、現実の世界はこのようなものだろう。

社会人として長年生きてきた人に対して、社会経験の乏しい大学生がビジネスを立ち上げてプレゼンで投資を募る時に、歴戦の社会人を納得させるようなものが次から次へと出てくるとは思えない。逆に簡単に出てくるようなら、社会人が10年、20年と努力して身につけたものに価値を見出せなくなってしまう。

そこをうまく導くのが起業支援であって、多少デフォルメされているが、起業を目指す世界はこんな感じなのであろうというイメージを摑む目的で見るにはいい教材なのかもしれない。

起業家は秀才である必要がない

サイバーエージェントの藤田 晋《すすむ》氏は25歳で起業、26歳で上場を果たしている。RIZAPグループの瀬戸 健《たけし》氏は大学在学中にパソコン教材販売代行を起業、24歳の時にRIZAPの原型となる健康コーポレーションを立ち上げている。

20代で成功した多くの起業家がはたして、ビジネスマンとして模範的で社会に適合する人材であったかどうかはわからない。社会にジャストフィットする、会社の枠内に収まる人材であればリスクを負って起業などしない。

社会を変えるのは実務能力に長けた秀才ではなく、他人とは違う視点で行動できるオリジナリティのある人材であることが多く、そうした人は概して社会の中で立ち回ることが苦手の場合が多い。

日本にユニコーン企業が少ないのは、そうした規格からはみ出る人が活躍できる社会ではないことも理由の一つ。そう考えながら見れば、シナリオの甘さ、キャラ設定の不十分さも自分の中で消化して純粋に映画を楽しめるのではないか。

第5章

言ってはいけない！
日本経済の「不都合な真実」

リスク41　気候変動　夏の暑さが仕事の生産性を大幅に下げる

本章では、日本経済をとりまく社会の現状を解説していく。外部環境分析はビジネスにおいて欠かせない。いずれの項目も蔑《ないがし》ろにできない問題ばかりである。まずは気候とビジネスの関係についてだ。

近年の日本での夏の暑さは異常としか言いようがない。

２０２４年7月の月平均気温は「日本の月平均気温の基準値からの偏差は＋２・16℃で、統計を開始した１８９８年以降の7月として、昨年の記録を更に上回り、最も高かった」と気象庁が発表している。

国際労働機関（ＩＬＯ）が２０１９年7月に出した「温暖化する地球で働く：労働生産性と働きがいのある人間らしい仕事に対する熱ストレスの影響」によれば、温暖化による熱ストレスの増加が生産性の低下をもたらし、２０３０年までに世界全体で８０００

万人分の雇用喪失（フルタイム労働換算）に相当する規模になり、世界の経済損失は全体で2兆4000億ドル（約360兆円）に達すると予想されている。

本当にCO_2排出量が原因なのか

世界の年平均気温は19世紀末から一貫して上昇傾向にあり、地球全体の気温上昇の傾向はデータからはっきりと出ているが、その原因は必ずしも明らかではない。

一般には、二酸化炭素（CO_2）などの温室効果ガスの増加が地球全体に温室効果をもたらしていると考えられているが、両者の相関関係は認められても、その因果関係まで厳密に証明がなされているわけではないのだ。

たとえば、中国の三峡ダムの建設によって東シナ海に流れ込む水の流れが変わり、その影響で海流の変化や海水温の上昇があったとする説もある。温室効果ガスの増加で地球の気温とともに水温が上昇している可能性も考えられるが、逆に海水温の上昇によって地球の気温が上昇しているのかもしれない。

「相関関係があるから因果関係もある」と断定するのは科学的ではない。このあたりの原因の究明は、地球温暖化を防ぐうえでは必要になる。

猛暑で潤ったヒット商品

昨今の異常な暑さは経済の停滞要因となるが、逆に暑さによって新たな市場が生まれることもある。

最近は35度を超える猛暑の中、分厚いジャケットを着ている作業員を目にすることが多い。最初は我が目を疑った人も多いのではないかと思うが、これはファン付きのジャケットであったり、電気を通すと冷えるペルチェ素子を使った〝ペルチェベスト〟であったりする。

これら冷却ジャケット（ベスト）の世界の市場は2022年に4億1200万ドル（約618億円）、2028年には5億9600万ドル（約894億円）に達するとされる。

東南アジア、南アジア、アフリカなどの熱帯地域から来た留学生が「日本の夏は、本国より暑い」と語るのは今や定番の小話で、日本もこうした猛暑グッズの開発を国として支援するぐらいの柔軟性は持ちたい。

リスク→チャンス／気候の変化に合わせた商品を開発する

Column

北海道の名物が、鮭からブリになる

海水温の変化、上昇が漁獲量を左右していることも経済に影響を与えている。だが、温暖化で魚が獲れなくなったと危機を煽るのは正しくない。

漁獲量が減るのは単純に乱獲の影響と考えられる場合が少なくないからだ。より正確に言えば、海水温の変化によって漁場が変わることのほうが経済の実害は大きい。

京都府農林水産技術センター海洋センターが1984年から2010年にかけてサワラの漁獲量の調査をしたが、1991年まで東シナ海に分布していたサワラが、海水温の上昇に伴い日本海を北上し、それまで獲れなかった北の海でも獲れるようになったとされる。

またブリは、かつては漁獲の北限が千葉・茨城沖だったものが、現在は北海道沿岸まで北上している（水産界2020年3月号）。

こうした魚種交替に関する研究によると、仙台湾や金華山沖で獲れる魚を扱う石巻魚市場では暖水性の9魚種（ブリ、サワラ、マアジ、タチウオほか）が増加し、冷水性の4魚種（サケ、イカナゴ、オキアミ、スルメイカ）は激減していると報告されている（海水温上昇による仙台湾と三陸沿岸の魚種交替、高橋清孝）。

北海道の寿司屋に行くと「サーモンやイカよりも、ブリがうまいよ」と勧められるほどだ。

昔のようにサケやスルメイカを安価に食べることは、難しいかもしれない。海水温を下げて、本来生息していた地域に魚を戻そうというのは、もはや神の領域のような無理な要求で、人間にどうこうできる話ではない。

あえて言えば、気候変動枠組条約の締約国会議（COP＝Conference of the Parties）で全地球的取り組みの中で長い時間をかけて達成できるかどうか。漁業関係者はブリのための加工場をどこにつくるかと模索していると報じられており、そうやって対症療法的に解決していくしかないだろう。

リスク42 不動産バブルの終焉

都心のゴーストタウン化が始まる

不動産は、経済の動向を顕著に反映する。本書を通じて、世界の不動産価格が暴落している未来を予測したが、日本も例外ではない。

首都圏の新築マンションの価格が2013年頃から上昇傾向にあったが、不動産経済研究所が7月に発表した2024年上半期の平均価格は7677万円と前年同期比で13・5%下落した。下落は3年ぶり。とくに東京23区は1億855万円で前年同期比16・3%の大幅な下落を記録している。

「価格が下がっているなら、マンション購入者は増えるのでは?」と思うかもしれないが、そうはならない。

上昇一途だったマンション価格は、23区で東京都の勤労者の平均年収(2022年で563・6万円、厚労省・賃金構造基本統計調査)のおよそ13・6倍まで上がっていた。

ゼロ金利が撤廃されてこれから金利が上がってくることを鑑みると、年収の13・6倍の価格ではとても購入できないという人は多いのではないか。

住宅ローンの新規貸出の金利は2022年1月から0・375%と超低水準になっているが、その前は0・525%（2021年1月）、0・600%（2018年1月）だったのだから金利上昇は時間の問題だ。

適正な金利水準のもと、住宅の適正な金額は年収の8倍から10倍程度と言われており、13・6倍では買えない。頭金を相当入れないとローンが組めない。

ところが金利が上がると組めるローンの額が減っていくことになり、買える人が減るために必然的に価格は下がる。これが金利とマンション価格の関係性だ。

日本のマンションの価格は国際水準よりは安いが、現行の国民の年収レベルからすると高いというのが現状だ。その調整が始まったと見るべきだろう。

海沿いのオフィスががら空き

リスク8でも触れたが、世界的にオフィスの不動産価格が下がり始めていることも、不動産価格の低下に拍車をかける。オフィス価格の上昇や下落は常にその周辺の土地価格を巻き込んで動いていくものである。

日本ではすでに、オフィスの空室率が高止まりの状態にある。

三幸エステートの資料では2024年1月1日現在で、東日本橋・新川（晴海含む）が10・54%、北品川・東品川が11・91%、浜松町・高輪は13・1%の空室率となっている（1フロア面積200坪以上の大規模ビル）。新宿や渋谷は1%台と相変わらず空室率は低いが、海に近いエリアの空室率の高さが目立つ。

リモート勤務が一般化したことで都心部に大規模なオフィスを持つ必要はないと多くの会社が判断していることが、空室率が高い理由の一つだろう。

また、海に近い地域の空室率が高いのは、「数多くの路線が乗り入れているオフィスのほうに魅力を感じる」「震災時の津波のリスクを考えて」といった事情によるものと思われる。

中国人による「マンション売却」が始まる

マンションやオフィスビルは、人手不足によって、建設や階層作業のための単価が3割以上も上がっている。これをどうやって負担していくのかも問題になる。

マンションに関して言えば、超高層マンションの最上階などの高額物件の多くは中国の富裕層が購入している。

不動産バブルが弾けると起きることは、ニューヨークやロンドンで起きている現象と変わりなく、中国人オーナーによる高額物件の売却、それに伴う価格の下落である。この波が日本にも押し寄せてくるのは間違いない。

こうしたことは歴史上、繰り返されてきた。三菱地所がロックフェラーセンターを買収したのが1989年のこと。ところがバブル崩壊で莫大な赤字を抱えることになり、14棟のうち12棟を手放し、無謀な投資は失敗に終わっている。

これがキャスティングを中国と日本に替えて繰り返されようとしている。

リスク↓チャンス／臨海エリアのマンション購入は慎重に

リスク43 大手芸能事務所の崩壊

旧ジャニーズ事務所問題は氷山の一角

2023年の芸能界で大きな話題になったのは、ジャニーズ事務所(現SMILE-UP)の不祥事である。

創設者のジャニー喜多川(故人)による所属男性タレントへの性的虐待が表面化し、事務所として謝罪し、被害者への補償に取り組むことを余儀なくされた。

多くの人気タレントを抱え、メディアに対して圧倒的な力を誇示していたジャニーズ事務所の支配体制の崩壊。メディアが性的虐待を知っていながら報じず、所属タレントたちを出演させ続けていた事実も露見し、各テレビ局も信頼を失う事態となった。

『世界と日本経済大予測2024-25』では、日本のメディアがテレビ・ラジオ・新聞が朝日、読売など1つの系列になっており、それを「縦糸」とすると、横断する「横糸」が電通などの広告代理店であり、ジャニーズ事務所や吉本興業などの大手芸能事務所であると分析した。

その横糸が機能を果たせなくなってきている。

ジャニーズ事務所と同じ横糸の部分で縦糸同士をまとめていた電通は、ゴールデンタイムの帯をずっと持っていたためにスポンサーに対して強い対応ができた。ところがテレビがネットに押されて全体的に視聴率が落ち込み、変わらず視聴している世帯が65歳以上の高齢層になったために、広告効果が以前ほど見込めなくなった。

２０１９年にインターネット広告費がテレビ広告費を上回った。２０２３年にはネットが３兆３３３０億円に対してテレビは１兆７３４７億円と、ほぼダブルスコアにまで差が開いた（電通・２０２３年 日本の広告費）。

テレビに広告効果が見込めない以上、各企業は広告代理店に頭を下げる必要がなくなってしまった。トヨタ自動車を見てもわかるように、「トヨタイムズ」のような自社媒体を持つ企業が多くなってきた。テレビという媒体自体の価値が落ちているのはこの点からも明らかだ。

お金と人を集めるコンテンツホルダーだけが生き残る

大手芸能事務所が強かった理由は、人気タレントという替えの効かないキラーコンテンツを持っていたからである。テレビ局は人気タレントを番組に出して視聴率を稼ぎたい、そのために大手芸能事務所に頭を下げて出演してもらっていた。

供給サイドが強気に出られる状況を利用し、ジャニーズ事務所など力のある事務所は、売り出したいタレントを頻出させるなど、好きなように自社のタレントをテレビ出演させることができた。

ところが、テレビを見る人が減って高い広告費が取れなくなってきた状況では、人気タレントは逆に出演料が高いために敬遠される。高いギャラを支払っても、それに見合う視聴率が取れなければ赤字になってしまう。

こうして供給する側の支配体制が崩れ始めると、所属するタレントもテレビへの出演にこだわらなくなり、ＹｏｕＴｕｂｅなどで自らコンテンツ販売を始めてしまった。そうなると芸能プロダクションが人気タレントを抱える意味もなくなってくる。

ドラマ、アニメ、映画を製作する場合には力の強い、まとまった組織体がなければ人集めもできず、製作にこぎつけることができない。映画なら製作委員会の形態をとり、広告代理店などが中心になってスポンサー集め・人集めを行って、実際に製作に入る。

これまではプラットフォーマーが強かったが、今後はコンテンツホルダーが力を握る関係性がより鮮明になるだろう。

プラットフォーマーとしてテレビが絶対的な帝王だったが、ＹｏｕＴｕｂｅやＮｅｔｆｌｉｘなどの新たなプラットフォームが生まれたことによって、テレビが「その他大勢」になってしまった。縦糸が弱くなったことで、それをまとめる意義も魅力も薄れ、芸能事務所や広告代理店の力が相対的に落ちていった。


これからの時代は過去のコンテンツも含めた知財を持つことが価値を持ち、新しいコンテンツを作る能力を持つことが決定的な意味を持つ。それが今までのプラットフォームが中心の世界から変わった形と言える。

その時代の流れの中、テレビ局は単なる「電波不動産」の傾向が強くなっていくだろう。電波の枠を切り売りするビジネスをやっている限り潰れることはないが、従来のような支配力は失われていくのは目に見えている。

リスク→チャンス／メディアの強さは、知財の有無で決まる

リスク44 夕刊廃止 新聞の終わりは近い

テレビより古い媒体である新聞にも触れておく。

各新聞社は購読機会の減少や原材料費、輸送コスト節減の意味もあって、夕刊を一部エリアで廃止するようになった。産経新聞社は『夕刊フジ』を2025年1月末で休刊することを発表している。これらは、長い新聞史でエポックになるだろう。

それだけでなく、『毎日新聞』はついに2024年9月末、富山県での配達をすべてやめてしまった。その際に話題になったのが、人口99万人余の富山県内で配っていた部数がわずかに840部しかなかったということだった。

全国紙、三大紙の一角である『毎日新聞』だが、富山県内での部数は『赤旗』より少ないのではないか。逆に言えば、これだけひどい負け戦から何で今まで撤退しなかったのか不思議に思える。「全国紙」というプライドが退却を妨げていたのかもしれない。

「『毎日新聞』は全国どこでも読めます」と言うためには空白県をつくるわけにはいかな

かったのだろう。今後は『毎日新聞』は「全国紙（除く富山県）」と、カッコ付きの全国紙になるわけだ。

これについては限界集落と同じ考え方で、採算の臨界点を超えてしまったということ。結局、採算ラインの臨界点を超えたときに一気に収斂するので、エリアごと消えていく。『毎日新聞』のみならず、他社も、もう名実共に「全国紙」にこだわってはいられない状況にまで追い込まれている。

ついに、輪転機の製造を中止

今、新聞の印刷は、数社が組んでの共同印刷が中心だ。たとえば『朝日新聞』と『産経新聞』が輪転機を共同で利用している。だが当然、輪転機を持っている印刷所が閉鎖されると、両社ともに刷れなくなる。まさに一蓮托生の関係だ。

『東京新聞』が夕刊を一部やめたのは、『東京新聞』の持っていた印刷所を老朽化で閉めたことと無縁ではない。『日刊スポーツ』も2025年春に自社印刷をやめて『朝日新聞』に委託することになっている。

あまり知られていないが、現在、新聞の輪転機は2社でしか造っていない。そのうちの1社である三菱重工が輪転機製造をやめると発表した。輪転機なんていつ売れるか分からない、今後増えることもなさそうな分野に三菱重工がいつまでも関わっていられないというところではないか。

まさに象徴的な出来事であり、もう未来はない。新聞の消滅もそう遠くない。

新聞社としての機能をどういった分野に転用できるか真剣に考えるときが来ている。

リスク→チャンス／記者の取材力を活かせる場所がきっとある

リスク45 選挙のネット戦略

選挙の戦い方が変わる

２０２４年7月に行われた都知事選挙では、ネットを駆使した選挙活動が注目され、これまでとはずいぶん変わった印象を持った人も多かったに違いない。今後もネットを効果的に使う選挙戦略の必要性は高まっていくことが予想される。

選挙における戦いは、戦争における戦術と似ており、空中戦と地上戦と呼ばれる戦い方がある。

空中戦はテレビやラジオなどマスメディアを利用するもの。今はメディアが多くなり、ＹｏｕＴｕｂｅなどでは自分で情報を発信できる。これは制海権、制空権に相当する。

制海権、制空権を抑えて、上からピンポイントで爆撃するのは非常に効果的だが、最後の最後に相手を屈服させるには、地べたで陸軍がどれだけ面取りできるかによる。

この陸軍の働きをするのが選挙における運動員だ。実際に足を動かして票を集める人海戦術部隊、選挙カーの運転手、ウグイス嬢、そしてポスター貼り。こうした古臭い方法が最後には効果をもたらす。

空中戦で全てが決するとばかりに騒いでいる陣営は大して票を取れず、結果、落選する場合が多い。

参議院の全国比例で言うと、だいたい100万票で当選者1人が目安。大規模政党に入ると政党名の比例票があるので、自民党であれば個人得票15万票ほどで最下位当選できる。

比例票では個人得票が多い順番に当選していく。だから、全国から100万票を集めるのは、やり方次第では可能性がある。しかし限定された地域、小選挙区で1位を取るのはかなり難しい。

こうした事情を考えると空中戦の戦い方も重要ではあるが、昔通りのドブ板を一枚一枚裏返すような地道な努力がなければどうにもならない。宗教団体、労働組合などの支持がないと選挙は戦えないと言われるゆえんである。

「尖った感じ」と「一生懸命さ」のギャップ

そうした点を踏まえて、都知事選挙における石丸伸二の戦いを見てみると、結果は蓮舫を抑えての2位、165万8363票は立派ではあるが、当選した小池百合子の291万8015票には遠く及ばないことを忘れてはいけない。

「2位で嬉しいですか？」とテレビで聞いて炎上した自称社会学者がいるが2位であっても負けは負け、それも完敗であるから嬉しいはずがない。

元は広島県の安芸高田市の市長、中国新聞の記者とのやり取りで一部ネットでは知られているが、中央では全く無名だった。無名の元市長が東京都知事を決める選挙で若者の支持層を集めたという意味ではセンセーショナルではあるが、健闘の原動力は空中戦を制したことではないと思う。

よく知られているが、石丸の選挙参謀を務めた藤川晋之助は、100回以上の選挙で候補者を勝たせてきたプランナーだ。その選挙対策はどちらかと言えば、街角に立ち有権者に訴える地上戦を多用するものだった。

石丸の街頭演説の回数は200回以上。こうした手法は昭和の時代からの伝統で、新しいものではない。それをやり切った点で、「ひょっとしたら、まともな候補者かもしれない」というイメージがついた。

石丸のキャラクターには、良く言えば「尖った感じ」がある。そうした類いの「カリスマ性」が人気を集めるのはよくある話で、N国もそれに近い部分があった。「尖った感じ」と「一生懸命さ」のギャップが新鮮で、社会経験の未熟な人たちが未熟さゆえに信じ込んでしまったというのが165万票の背景にはあるように思う。

もっとも、若年層は投票率3割ほどしかなかった。若者票がどこまで石丸の得票に結びついたかは不明だが、今後の選挙の戦い方を考えさせられるきっかけになったのは、間違いないだろう。

リスク↓チャンス／有権者は、メディアに映る候補者の姿を信じないこと

リスク46 70歳定年制

終身雇用、年功序列は通用しない

最後に、今後の日本の進むべき道について考えていく。

ビジネスシーンに限らず、これからの日本経済は40代、50代が担う。書店に行けば、「50歳からの○○」といったタイトルのビジネス書が棚一杯に並んでいるほどだ。「中年が元気な企業は活力がある」と言われるように、社会の中核を担う層が頑張ると同時に自らの人生の幸せを考えるうえで、国や企業はどういった支援をすべきか。

結局のところ、この考え方は60歳定年、再雇用で65歳まで働くことが前提となっている。平均寿命が延びる前、70代で多くの人が亡くなる時代の考え方だ。

2023年の平均寿命は男性81・09年、女性87・14年。90歳まで生存する人の割合は男性26・0％、女性50・1％となっている。そうした超高齢化した社会において40代、50代を中年と呼ぶのはまだいいとして、60代前半、65歳までは現役バリバリの気持ちでいないと国が成長していかない。

製造業で必要とされる熟練を身につけるためには経験年数が重要で、それを満たすとなれば当然、年齢は高くなる。もちろん、年齢だけではカバーできない、その人の持つスキル、能力による部分も小さくない。

そういう部分が今、変わりつつある。終身雇用、年功序列が守られ、企業の歯車として生きている、会社の名前があれば必然的に一生食べていける時代は、とっくの昔に終わった。

それぞれのスキルを持つ人たちがどうやって自分を生かしていくか、自分が最も能力を活かせる場で働けるかがポイントになる。

30代、40代前半ならまだ若い、人生の折り返し地点にも達していないという認識を持つべきだ。

社会人としての折り返し点は47歳

読者が20代、30代だったとしても、自分のスキルをアップするために何らかの資格を持つなど、できることはいくらでもある。

国は2021年4月に「改正高年齢者雇用安定法」を施行して「70歳定年制」を進めている。その枠組みで生きていけるスキルを身につけなくてはいけない。大学を卒業する22歳から70歳までとなると、約50年、社会人の時代がある。その半分の25年と考えると、47歳が社会人としての折り返し点となる。


あるスポーツ選手が「明日の自分は今日の自分よりうまくなっていようと、常に思うべき」という趣旨のことを言ったが、そうした向上心、自分を磨き続ける努力、それをしようとする気構えの有無が決定的に人生を左右する。

昭和の時代の精神論に近いように感じるが、昭和の時代にも今に通ずる考え方はあるはず。

昭和の時代との違いを言えば、現代は組織のほうが終身雇用や年功序列を考えていない点だろう。

自分を成長させることで会社全体が成長するという考えは変わらないが、1つの会社にとどまる必然性はない。

自分に合った場所を選んで自分が最も輝ける場所で全能力を発揮して、それに見合った報酬を得られれば、多くの勤め人が満足感を得られるだろう。じつは会社も、そうした個人の選択を望んでいる。

一人ひとりが悔いのない人生を送れるように行政も支援していくべきであるし、これから迎えるさらなる高齢化社会が少しでも明るいものになっていくだろう。

リスク→チャンス／70歳までのキャリアプランを考えるべき

Column

世界と経済が学べるオススメ映画⑤

『クイズ・ショウ』

（1994年 ロバート・レッドフォード監督）

テレビの時代が終焉を迎えている21世紀の今、テレビが圧倒的なパワーを持ち始めた時代の醜聞を描いた作品を見て、媒体としての原点を知るのも悪くない。見終えて「だからテレビはダメなんだ」と、現代の凋落ぶりの原因を肌で感じることになるだろう。

舞台は1950年代後半のアメリカ。高い人気を誇るクイズ番組「21」ではユダヤ人男性のハービー（ジョン・タトゥーロ）が圧倒的な強さで勝ち抜いていた。

しかし、容姿の冴えないマイノリティの男性が勝ち進むことが原因で視聴率は徐々に低下。そこでスポンサーから依頼を受けたプロデューサーはハンサムな大学教授のチャールズ（レイフ・ファインズ）に目を付け、事前に解答を教え、現チャンピオンのハービーにはわざと間違えるように指示を出し、紆余曲折はあったが思惑通りに王者交代に成功する。

ハンサムなマジョリティの男性が王者になったことで視聴率は上昇、チャールズは不正を続けて勝ち抜いていく。

敗れたハービーは大陪審にテレビ局の不正を告発。証人喚問されたハービーは番組が八百長であることを暴露し、チャールズは喚問されていないにもかかわらず公聴会に出席して不正を認めた。その結果、テレビの製作陣は解雇され、チャールズは大学から辞任勧告を受ける。

テレビが裁きを下される日

これはＮＢＣで実際に発生した事件で、それを１９９４年になってロバート・レッドフォードが監督として作品化した。

レッドフォードの監督としての初作品は１９８０年の「普通の人々（Ordinary People）」で、一見、幸せそうに見える家庭が崩壊していく過程を描いた。本作は3作目にあたるが、華やかに見える世界の裏側を描いている点で、「普通の人々」とどこか共通するものがある。

テレビができた頃は、そこにあるものをそのまま伝えるという意味で、真実を伝えるメディアという意識を多くの視聴者が抱き、それゆえ、テレビは媒体の中で圧倒的な力を得ることができた。

しかし、目に見える真実の裏には、偶然起きるべきことを必然的に発生させる演出、わかりやすくいえば「やらせ」というイカサマが存在する場合がある。テレビの草創期には視聴者が考えることもなかった行為が、製作現場では行なわれていたのである。

映画のクライマックスは、チャールズが下院の立法管理委員会に出席して真実を述べる部分である。

"I lied to the American people. I lied about what I knew and then I lied about what I did not know. I was scared to death, I had no solid position nor basis to stand on for myself. There was one way out and that was simply to tell the truth."

「私はアメリカ国民に嘘をつきました。自分が知っていたことについて虚偽を述べ、さらに知らないことについても嘘をつきました。私は死ぬほど怖く、自分を支えるしっかりした立場も根拠もありませんでした。唯一の道は、ただ真実を語ることだけでした」

そして、最後にこう締めくくる。

"I've flown too high on borrowed wings. Everything came too easy. That is why I am here today."

「私は借りてきた翼で高く飛びすぎていました。全ての物があまりに簡単に手に入りました。それが今日、私がここにいる理由です」

テレビが支配していた時代が終わろうとしている今、テレビ関係者はもう一度、このセリフを噛み締めるべきだろう。

真実を覆い隠し、虚偽の外観を作り出す者は、最後にはこうなることを、本作品は示してくれる。

おわりに

「不確実な時代」だから、分析が価値になる

まずは、本書を手に取っていただいた読者に感謝を述べたい。

今、書店が苦しい状況に陥っている。とにかくビジネスパーソンが本屋に行かなくなっている。本を買うならネット書店で、書店で立ち読みするより書籍から抜粋したネット記事を読むという人がかなり増えた。

こうした読書習慣の変化により、2005年には全国で1万8608店舗あった書店が、2024年には1万873店舗にまで減少している（日本出版インフラセンター調べ）。

もっとも、書店の淘汰が深刻化しているのは日本だけではない。台湾に行ったとき、台北市内に書店があまりに少なく驚いた。台北市は人口約250万人と名古屋市より20万人ほど多いが、それでも総合書店は7店舗しかない。今日の台北は、明日の東京の姿と

言っていいだろう。

本書で「新聞の未来がない」と述べたが、書籍にも同じことが言える。

少なくとも、これまでと同じような本を出していては、読者が逃げていくだけだ。

私にも、「何冊も似た本を出しているお前はどうなんだ」という指摘が飛んでくるかもしれない。

あえて反論をすれば、たしかに、情報を売る時代は終わった。

新聞・雑誌・書籍の情報は鮮度が低い。残酷なようだが、もはやニュースではない。

ネットにはもっと新しい情報が駆け巡っている。すでに流れている情報だけだったら、わざわざ買う必要はない。

スマートフォンを開くたびに新情報が溢れているから、読者も忙しくてインプットに時間をかけられなくなっている。ＣｈａｔＧＰＴが本格的に普及したら、それこそジ・エンドだ。「正解」を提示するだけなら、本はいらない。

正解のない「不確実な時代」だから、「分析」を売るのだ。

「こういうことが起きたから、次にこれが起きる可能性が高い」という道筋をしっかり示せば、読者も時間を浪費しなくて済む。

この本のように、未来予測・分析があって初めてお金がいただける時代が到来している。

そういった分析を望む人がいる限り、読者の代わりに情報をインプットし、分析を続けていく覚悟だ。

改めて、筆者の分析を読んでいただけて光栄である。

読者にとっての2025－26年が明るいものであることを切に願っている。

最後に、日ごろ筆者に情報を提供してくださる皆様、本書の企画・編集に携わっていただいたPHP研究所の大隅元《げん》編集長、執筆を支えていただいた松田隆氏、大久保龍也氏に感謝の言葉を述べたいと思う。

2024年10月

渡邉哲也

2025年政治・経済日程

2025年	世界	日本
1月20日	米大統領就任式	
1月20日	世界経済フォーラム(ダボス会議)年次総会開幕	
1月24日		日銀総裁定例会見(金融政策決定会合終了後)
1月未定		東京・銀座で新ソニービル開業予定
2月24日	ロシアのウクライナ侵攻から3年	
3月19日		日銀総裁定例会見(金融政策決定会合終了後)
3月23日		福岡県知事選挙
3月未定	中国・全国人民代表大会(全人代)開催予定	
〃	中国・全人代で第15次五カ年計画発表の可能性	
4月6日		秋田県知事選挙
4月13日		大阪万博開幕(～10/13)
4月15日	北朝鮮・太陽節(金日成誕生日)軍事パレード実施の可能性	
4月未定		千葉県知事選挙
〃		日銀短観(全国企業短期経済観測調査)発表
5月1日		日銀総裁定例会見(金融政策決定会合終了後)
6月17日		日銀総裁定例会見(金融政策決定会合終了後)
6月未定	カナダ・カナナスキスで先進国首脳会議開催	
〃	国連安保理非常任理事国選挙(予定)	
7月未定		参議院選挙
〃		東京都議会議員選挙
〃		日銀短観(全国企業短期経済観測調査)発表
7月31日		日銀総裁定例会見(金融政策決定会合終了後)
8月15日		終戦から80年
夏未定	NATO首脳会合(開催見込み)	
夏未定	BRICS首脳会議(開催見込み、南アフリカ)	
9月13日		世界陸上東京大会が開幕(～9/21)
9月19日		日銀総裁定例会見(金融政策決定会合終了後)
9月未定	国連総会(予定)	
10月30日		第49回衆院選での当選者が任期満了
〃		日銀総裁定例会見(金融政策決定会合終了後)
10月未定		日銀短観(全国企業短期経済観測調査)発表
11月16日	G20サミットが南アフリカ・ケープタウンで開幕	
11月未定	APEC首脳会議が韓国・慶州で開幕	
11月未定	ブラジル・ベレンでCOP30を開催	
12月19日		日銀総裁定例会見(金融政策決定会合終了後)
12月未定		日銀短観(全国企業短期経済観測調査)発表

※日程は変更する可能性があります

2026年政治・経済日程

2026年	世界	日本
1月1日		裏金事件を受け改正政治資金規正法施行
1月未定	世界経済フォーラム(ダボス会議)年次総会開幕予定	
2月6日	ミラノ・コルティナダンペッツォ冬季五輪開幕(～2/22)	
2月24日	ロシアのウクライナ侵攻から4年	
3月5日		ワールドベースボールクラシック開幕(～3/17)
3月31日		3Gサービス(FOMA、i-mode)終了
4月15日	北朝鮮・金日成誕生日*、軍事パレード実施の可能性	
4月未定		京都府知事選挙
6月11日	サッカーW杯北米大会開幕(～7/19)	
6月未定	国連安保理非常任理事国選挙(予定)	
7月4日	アメリカ独立宣言から250年	
夏未定	NATO首脳会合(開催見込み)	
〃	バルセロナの教会サグラダファミリア完成予定	
〃	NPT(核不拡散条約)再検討会議	
〃	COP31(国連気候変動枠組み条約第31回締約国会議)が豪州で開催	
〃	ミャンマー総選挙(予定)	
8月6日		NHK設立100年
9月未定	国連総会開幕(予定)	
9月19日		アジア競技大会、愛知県・名古屋市共済で開幕(～10/4)
9月未定		沖縄県知事選挙
10月27日		2024年総選挙の当選議員が任期折り返し点
11月3日	アメリカ中間選挙	
11月未定	台湾の22県市で統一地方選挙	
秋頃	ASEAN首脳会議がフィリピンで開催(ミャンマー議長国辞退)	
秋頃	G20が米国で開催(予定)	
12月25日		昭和改元から100年(昭和100年)

※日程は変更する可能性があります
*2023年まで太陽節と呼ばれていた

著者紹介
渡邉哲也（わたなべ・てつや）
作家・経済評論家。1969年生まれ。日本大学法学部経営法学科卒業。貿易会社に勤務した後、独立。複数の企業運営などに携わる。2009年、『本当にヤバイ！欧州経済』（彩図社）を出版、欧州危機を警告しベストセラーになる。内外の経済・政治情勢のリサーチや分析に定評があり、さまざまな政策立案の支援から、雑誌の企画・監修まで幅広く活動を行なっている。主な著書に、『世界と日本経済大予測』シリーズ（PHP研究所）、『「米中関係」が決める５年後の日本経済』（PHPビジネス新書）のほか、『「中国大崩壊」入門』『2030年「シン・世界」大全』（以上、徳間書店）など多数。

世界と日本経済大予測2025－26

2024年12月10日　第1版第1刷発行

著　者　渡邉哲也
発行者　永田貴之
発行所　株式会社PHP研究所
東京本部　〒135-8137 江東区豊洲5-6-52
　ビジネス・教養出版部　☎03-3520-9619（編集）
　普及部　☎03-3520-9630（販売）
京都本部　〒601-8411 京都市南区西九条北ノ内町11

PHP INTERFACE　https://www.php.co.jp/

装　丁　秦 浩司
組　版　有限会社エヴリ・シンク
印刷所　株式会社精興社
製本所　株式会社大進堂

ISBN 978-4-569-85825-8

PHPの本

世界と日本経済大予測2024-25

渡邉哲也　著

的中率90%以上！　人気経済評論ユーチューバーが分析・解説する世界情勢&日本経済のゆくえ。